京都橘大学女性歴史文化研究所叢書

表象のトランス・ジェンダー

——越境する性

安達太郎・野村幸一郎・林久美子 編著

新典社

はじめに

本書のねらいを説明するに当たって、まずは三島由紀夫の話から始めたいと思う。

三島由紀夫の『文化防衛論』と聞けば、まあ、だいたいの人は身がまえる。ファナティックな右翼思想が声高に叫ばれているイメージが、この書にはつきまとっているからだ。昭和四五年、自衛隊市ヶ谷駐屯地でクーデターを訴え割腹自殺を遂げた、いわゆる「楯の会事件」から逆照射的に形成された三島由紀夫像を『文化防衛論』にも投影してしまうのが、一般的な見方なのだろう。

しかし、このような先入見を廃して虚心に同書を読んでみると、天皇制そのものに関する議論を除いて（後述するが、たしかにこの下りには僕も違和感を感じる）、今日の日本文化のありように関する三島の分析に関して言えば、それほど無茶な内容が語られているわけでもない。むしろ先見の明すら感じられる。今回、久々に読み返してみてこんな感想を持った。

三島は『文化防衛論』において、戦後の文化主義について「文化をその血みどろの母胎の生命や生殖行為から切り離して、何か喜ばしい人間主義的成果によつて判断しようとする一傾向」、あるいは、「何か無害で美しい、人間主義的成果によつて判断しようとする一傾向」と定義している。このような傾向が生じた背景として、三島は戦後の文化政策の存在を指摘する。官僚が「文化を生む生命の源泉とその連続性」をダムに押し込め、市民道徳の形成に有効な部分だけを、「文化」と認め、それ以外を抑圧したと言うのである。その結果、日本文化は「何ものも有害でありえなくなつた」、「見せかけの文化尊重主義」に堕してしまった。

三島の言う「文化防衛」とは、政治上の極端な民族主義を意味するものではなく、戦後の市民道徳や文化主義から見れば「悪」や「有害」であるような文化の豊穣性、多様性、あるいは生命や生殖に根を持つような文化の身体性をも、日本の文化的伝統として継承していかなければならない、それを通じて戦後、やせ細り薄っぺらいものになってしまった日本文化を救済しなければならない、というほどの意味である。

ここから、さらに三島は天皇制の積極的価値を主張し始める。文化概念としての天皇制、あるいは、それが標榜する「みやび」の理念は、文化の無差別包括性を可能ならしめるものであり、その下に文化上のあらゆる高貴と卑属、優雅と月並が帰一する、それゆえ日本文化を防衛するため天皇制を本来の姿にもどさなければならない。最終的に三島は、このように結論づけることになる。

率直に言えば、後半の、天皇制に関する議論は、やはり僕も違和感を感じる。天皇制そのものの議論はさておき、たとえば、柳田國男が日本文化の基盤に定位したような常民の民俗文化などは、天皇制や「みやび」とは何の関係もなく形成されたと思うし、当の本人たちもそんなこと意識していなかっただろうという、腑に落ちない感覚が残る。

それはともかくとして、現代の日本文化のありように関する三島の分析のみに限定して言えば、わたしたちは、それほど違和感なく受け止めることができるのではないだろうか。エリック・ホブズボウムは、「伝統」とは国民が国民としてのアイデンティティを内面化するため国家が創作したフィクションであり、その実体は、過去の風俗慣習の中から都合のよいものだけを取捨選択し、変形したものにすぎないと語った。いわゆる「創られた伝統」論である（『創られた伝統』前川啓治／梶原景昭 他訳 紀伊國屋書店、一九九二）。国民国家形成以前の段階における文化のありように関して、自己同一性を認めるか否かについては語調を異にしているが、現代社会における「伝統」文化を、フィクショナルなものと見なす点では、ホブズボウムと三島由紀夫の認識は明らかに一致している。ホブズボウムは、国民国家の巧緻な罠に気をつけなければならないと語ったのに対して、三島は国家によって根こそぎにされた文化の本来性、「悪」をも包含するような豊穣性を取り戻せと主張したにすぎない。ここだけを見れば、両者はコインの裏表の関係にあるとまではいかないにしても、少なくとも論理的には矛盾しない。

さて本書の目的は、表象文化を考察の対象としながら、トランス・ジェンダーの位相を透視しようというところにある。

古代より日本文学、あるいは日本文化の領域においては、トランス・ジェンダー（性差の越境）が重要なモティーフを形成していることは言うまでもない。たとえば、『古事記』のヤマトタケル征西譚である。『古事記』にはヤマトタケルがクマソタケルを殺害する際に女装して近づいたという有名なエピソードが挿入されているが、この逸話はやがて『曽我物語』の御所五郎丸など後世の文学に影響を与えることになる。平安朝文学の『とりかへばや物語』では、女性を男性人格として、女性を男性人格として育てたことによる波瀾が物語の主題を構成している。また、トランス・ジェンダーという文化的志向性は、女形に見られるように歌舞伎など芸能の舞台にも顕著にあらわれている。前近代の性風俗に目を転じてみても、稚児への偏愛を伝える説話や伝承は数多く残されており、また民俗学の領域においても南方熊楠や中山太郎、岩田準一によって、日本における男色の風俗に関して詳しい考証がなされている。

いずれにせよ、日本の文化的伝統としてトランス・ジェンダーという大きな水脈があることは間違いない。本書のねらいは、これを切り口としつつ性差にまつわる文化の豊穣性、多様性を照射するところにある。

三島由紀夫は、「文化を全体的に容認する政体は可能かといふ問題は、ほとんど、エロティシズムを全体的に容認する政体は可能かといふ問題に接近してゐる」と、さらに『文化防衛論』で語っている。文化はエロティシズム、すなわち生命や身体、生殖行為と結びつく。それゆえに、文化は不可避的に「悪」でもあり、「背徳」でもあるわけだが、そこに豊穣性や本来性もある。とするならば、トランス・ジェンダーという切り口は、「創られた伝統」の虚構性を暴きつつ文化の多様性を開示する上で、きわめて有効な切り口になりうるのではないか。以下、本書には、「性の越境」を統一テーマとしてさまざまな論考が並ぶが、私たちの問題意識を一言で言えば、このように言うことができる。

野村　幸一郎

目次

第Ⅱ部　異文化理解としてのトランス・ジェンダー

第Ⅰ部　越境する性

——日本の文化表象とトランス・ジェンダー

現代小説のなかのトランス・ジェンダー
――松浦理英子の作品を中心に――

辻本千鶴

現代文学におけるトランス・ジェンダー

アン・リー監督の映画に「ブロークバック・マウンテン」（アメリカ映画、二〇〇五年）がある。一対の男性カップルの愛の永遠性を切々と歌い上げた作品である。一九六〇年代アメリカ、ワイオミング州のブロークバック・マウンテンでドラマは始まる。雄大にして厳しい自然のなか、人里離れた場所で一夏の仕事を受け持ったイニスとジャック。森林局指定の野営地から五、六キロ離れた放牧場での羊番は、違法に加担する秘密の仕事であった。夜は一人が野営地にテントを張って眠り、もう一人がライフルを携え番犬を伴って羊番に当たる。八月中旬でも積雪を見る厳しい大自然は、相次ぐ嵐をもたらし、麓の人間社会との接点は週に一度の食料補給係との連絡に限られている。そのような状況で二人は、人肌の温もりを求めるかのように肌を合わせるようになる。山を降りたらアルマと結婚する、あれは一度きりのことだとイニスは言い、ジャックが再会を期待した翌夏の羊番にも応じてはいなかった。四年後、妻子と暮らしていたイニスをジャックが遠路テキサスから訪れ、関係は再燃する。小さな牧場を持って一緒に暮らそうと提案するジャックに、「男二人で暮らすなんて問題外」だとイニスは答える。「何かのきっかけで人に知れたら命がない」と。昔、村に男二人の同棲者がいたが、リンチにあって一人が虐殺された。用水路に放置されたその凄惨な死体を、イニスと兄に父は見せたのであった。九歳の時のそのような原体験もあって、同性愛者への社会の制裁に敏感になっているイニスは、人里離れた場所での密会という形でしか、関係の継続に応じない。「いつまで?」「耐えられる限り……」というような遣り取りが交わされる。ジャックの方も大型農機具販売者の一人娘と結婚して男の子を得ていた。それぞれに妻子を持ち、時には異性あるいは同性の愛人がある時期を経ても、互いへの愛は消えることなく、一年に何度かの逢瀬というかたちで、秘かに関係は続いていく。

特異な愛のかたちと見えて、この映画での同性愛の扱いは、時に息を呑むような純度を保ちつつ、どこまでも切ない。関係が二〇年に及ぼうとするある時、ジャックに宛てた葉書が宛名人死亡のスタンプを捺してイニスのもとに転送されてきた。事情を聞こうとジャックの妻に電話をすると、事故死だと言う。トラックの修理をしていたときにタイヤが破裂し、血の海にまみれて死んでいったと語られたジャックの姿は、少年時代に見たあの屍をイニスに思い出させる。父が幼い兄弟にそれを見せたのは、同性愛への戒めという「教育的見地」からであったろう。もちろんジャックの死は事故死なのだが、イニスの脳裡では少年時代のこの場面がフラッシュバックされる。恐らくは、愛への殉死者もしくは大勢に順応し得ない痛ましい犠牲者という共通項を介して。

アン・リー監督の作品には社会への鋭利な批判精神が通底しているが、この「ブロークバック・マウンテン」は、同性愛者にも平等な社会の実現をと発信している映画ではない。どのような時代、どのような社会においてもあり得る、ひとつの愛の貫き難さと、貫けなかったからといって損なわれない永遠性を歌い上げている。

現代日本の小説作品が同性愛を導入する場合に、きわめて軽く淡く、概して風俗的ですらある扱いになっている一方で、アメリカ映画にこのような作品があることは瞠目に値する。

石川忠司は『現代小説のレッスン』（講談社現代新書、二〇〇五年六月）のなかで、「純文学＝近代文学の「エンタテイメント化」」に触れて、次のように語っている。才能ある作家が共有しているのは、「内省や描写のたぐいからそれら特有のあの「かったるさ」……を消去した上でなお作中に存在せしめるセンス」であると。一般的市場においては、重い内容であっても、軽く語る小説が歓迎される。いかにも深刻な人生への懐疑など、流行《はや》らない時代である。そのような時代状況では、仮に同性愛を扱うとしてもさらりと流すのが向いているのであろうか。例えば、谷崎潤一郎『卍（まんじ）』（一九二八―一九三〇年）で極彩色の快楽を彷彿《ほうふつ》とさせる女性同性愛。例えば、三島由紀夫『仮面の告白』（一九四九年）で演劇的自意識の綱渡りをかいま見せる男性同性愛。あるいは、森茉莉『枯葉の寝床』（一九六二年）で相手を殺し、自らも死を選ぶまでの唯美性を描出される男性同性愛。これら近現代文学の〈重さ〉には昔日の感がある。

対する一九八〇年代以降、ニューウェーブの現代文学での同性愛の扱いについても、例を挙げておこう。村上春樹『ノルウェイの森』（一九八七年）が描出するさまざまな恋愛模様のなかには同性愛もある。いたいけな美貌の少女が、実は生来の邪悪な同性愛者であって、主要人物のひとり、レイ子の過去に回復しがたい精神的打撃を与えていたという設定である。すなわち、同性愛の当事者の心情なり思考なりに焦点が当てられているわけではない。『ノルウェイの森』では周辺人物でしかなかった同性愛者が主人公として登場するのが、『スプートニクの恋人』（一九九九年）である。この作品では二二歳のすみれが、ミュウという女性への恋に落ちたことが、ストーリーを牽引《けんいん》していく。それは「生まれて初めて」の恋であり、「広大な平原をまっすぐ突き進む竜巻のような激しい恋」だった。どうしようもなく運命的であったことの表出として、同性愛がある。すみれは強いためらいと自制心を振り捨ててミュウを求める。ある深刻な経験から愛の不毛を生きていたミュウは、すみれの切迫した心情に触れた「そのとき」、「わたしたちはすてきな旅の連れではあったけれど、結局はそれぞれの軌道を描く孤独な金属の塊《かたまり》に過ぎなかった」と「理解できた」と言う。この「理解」は、「ふたつの衛星の軌道がたまたまかさなりあうときに」「心を触れ合わせることができるかもしれない」が、「次の瞬間にはわたしたちはまた絶対の孤独の中にいる」という、作品のテーマに関わる重要なものである。（タイトルにある「スプートニク」は一九五七年にソヴィエト連邦が打ち上げた人工衛星の名前である旨が、巻頭に記されている。）すなわち、どれほど運命的な恋であろうとも、それぞれの孤絶はさけがたいのだと伝えるための、いわば道具として同性愛が用いられている。

江國香織『きらきらひかる』（一九九一年）ではいかにもお洒落な男性同性愛が描かれる。これは新婚のセックスレスカップル双方の語りの交代で展開する小説である。アルバイトにイタリア語の翻訳を手がける笑子《しょう》は「アル中で情緒不安定」、一方、医者の睦月には同性愛の恋人・紺がいる。気乗りのしないまま臨んだ見合いの場で、お互いが結婚に性生活を求めていないことを知った二人は、世間体を重んじる親への配慮から擬態的な結婚に同意するのだが、暮らしをともにするうちに惹かれ合っていく。笑子にせがまれて紺の魅力を「背骨がまっすぐで、コーラの匂いがする」と語る睦月。「家も近所で、まぁ兄弟みたいなもの」だった紺との関係は、次のように語られる。夜中に窓から睦月を訪れた紺が、ここで絵をかかせて欲しいと言い、

「闇の中に無数の星がちらばっている」絵が一週間ほどで完成した。それは紺から睦月への「苦しいラブレター」であった。「僕も苦しかったし、二人とももうどうしていいかわからなくなっていた」と睦月は言う。「絵の中の空は、ほんとに深く澄んでしずかだった。そして、その夜がはじまりだった」、以来十二年の間柄である。「でも、僕は男が好きなわけじゃないよ。睦月が好きなんだ」と「あっさりと、涼しい顔で」笑子に語る紺。それなら私と同じだと、紺への友情を育んだ笑子は、性関係のないままの夫婦と、夫の恋人の紺と、三人での暮らしを望んでいく。透明感漂うファンタジックな佳編である。

あるいは西加奈子『さくら』（二〇〇五年）。この小説は次男の薫を語り手とする家族小説である。スーパーヒーローである長男・ハジメの悲運の果ての自死に見舞われた長谷川家の、崩壊と再生が弟・薫の視点から語られていく。この作品には、両親の劇的ななれそめ、二男一女の兄妹それぞれの恋愛模様など、いくつもの愛の形が描かれているが、父を高校時代から愛し続けているサキフミさん、薫の妹の美貴を愛する同級生の少女カオルさんという、二人の同性愛者が登場する。彼らはどちらも性同一性障害と考えられ、一般的な同情を得易い設定となっている。この作品では、性同一性障害のサキフミさんやカオルさんの特異性を受け入れていけるかどうかで、他の人物たちの柔軟性が測られている。

また、『さくら』とは趣を異にしつつ、やはり現代のさまざまな愛が表現されている作品に

『ＦＵＴＯＮ』（二〇〇三年）がある。中島京子を作者とし、田山花袋『蒲団』のきわめて優れたパロディーであるこの作品では、主要人物のひとりイズミに、一途な思いを寄せる福祉ヘルパーのケンちゃんが描かれている。喧嘩の早さから「けんかのケンちゃん」と異名をとるこの「男」は、トウモロコシのような頭髪で、ドスドス歩いて、料理が下手で、人目には男の振るまいと映るのだが、実は本名をマツモト・ハナエという、優秀な看護婦であったと言う。老父の介護を通じて彼女らを知った七二歳になるタツゾウは、「あれか、どういうんだ、おエスというやつか！」（引用者注　少女同士が「姉」「妹」と呼んで慕い合った女学校寄宿舎の習俗に由来する。英語 sister にちなんで女性同性愛を「エス」と言う。川端康成の少女小説、吉屋信子の小説などでも描かれている）などと言うのだが、この作品では、現代東京のさまざまな愛情模様を描く、その一例として女性同性愛が引き合いに出されている。

このように、一種の風俗描写、柔軟性の表明としての作中へのトランス・ジェンダーの導入が特徴的であるなかで、異彩を放っている女性作家がいる。松浦理英子である。その一連の作品では、女性同性愛が多くとりあげられている他、一風変わったトランス・ジェンダーも見受けられる。同性愛にとどまらず、愛と性を含み込む人間関係の構築において、松浦理英子の作中人物たちはひたむきで真摯《しんし》である。軽いか重いかと問われれば、いかにも重い。現代において一般的大衆的な人気をさらう作家・作品でなかろうことは承知のうえで、以下にその様相をみていきたい。

両性具有になった女・一実

松浦理英子は一九五八年生まれ、青山学院大学在学中の一九七八年「葬儀の日」を『文学界』(一九七八年一二月)に発表した。作家としての第一作であるこの作品で第四七回文学界新人賞を受賞、同時に第八〇回芥川賞候補となった。以来、寡作ながら着実に一定の読者層を摑み、理解ある批評家にも恵まれ、現代女性作家のなかでも特異な位置づけを保っている作家である。概して松浦理英子への評価は、「特異な愛のために、彼女の読者は少数に限られるだろう」が、「良質のマイナーにこそ、文学の醍醐味を見出せる」(荻原雄一「松浦理英子論」『国文学解釈と鑑賞別冊』至文堂、一九九一年五月)というものである。

松浦の作品世界のメッセージ性は一貫している。本稿の課題であるトランス・ジェンダーの見地から言うと、性の境界を越えるいわゆるレズビアンの女性たちが主な登場人物である。彼女らは、女であるから男を慕い愛するのが自然であるとする社会の要請、文明のかたちに抵抗感、忌避感をもっている。男女どちらか一方の性への人間存在の封じ込めに反発し、よりしなやかな性の有り様を求めている。境界を越えることのみならず、境界そのものを消滅させることこそ、松浦理英子の作品が指向する世界である。

作品発表順に、いくつかの事例を拾ってみよう。

『葬儀の日』（文藝春秋、一九八〇年八月）に次ぐ二冊目の単行本である『セバスチャン』（文藝春秋、一九八一年八月）には、「私にとっては男も女もない」、「自分を女だと思ったこともない」という主人公・浅淵麻希子が登場する。この発言は、彼女と性的関係をもった男・稲垣に、男は好きかと尋ねられ、「わからない。質問自体がわからない」と答えた麻希子が、それに続けた言葉である。稲垣と麻希子の間に「性的関係」があったとするのは正確ではない。稲垣は「僕は君と肉体交渉を持ったにもかかわらず、どうも性的関係を持ったという気がしない」と言っているのだから。それほどに麻希子はいわゆる〈普通の女〉とは違っている。だが、麻希子からすれば、〈普通の女〉を無意識に演じきっている他の女性たちの方が囚《とら》われているということになるだろう。麻希子は「単に世界にこぼれ落ちた無防備で無装飾の一個の肉体であって、世界に料理されることを待ち望んでいるだけ」なのである。

『セバスチャン』は誇り高い運命の恋人・佐久間背理へのマゾヒスティックな愛執と、レズビアンの律子、左足を引きずって歩く少年・政本工也をも絡《から》めて、麻希子のセクシュアリティーの模索を描いた作品である。ここでの同性の恋人との主・従関係の悦楽と苦悩は、次作『ナチュラル・ウーマン』（トレヴィル、一九八七年二月）に引き継がれることになる。

『ナチュラル・ウーマン』の村田容子には、別れても強い愛執の対象であり続ける花世がいる。男性との交渉を「性欲とは無縁のあの戯れは乾布摩擦のようなもの」と思う容子は、「たまたま女に生まれてついでに女をやってるだけ」、「だから、ついでの部分のことなんかどうでもいいと思ってる」。容子の恋愛感情は、花世に注がれ、花世との別離ののちは、恋愛感情を介さずに性欲を分かち合う相手として夕記子がいて、さらに、このうえなく望ましい友人でありながら、恋愛感情の対象にもなりゆく由梨子に巡り逢う。容子は、「自分が何なのか、いわゆる「女」なのかどうか、私にはわからない。そんなことには全く無関心で今日まで来た」のである。あなたは生まれついての自然を貫く「ナチュラル・ウーマン」なのかと花世に問われ、「たった今花世から発せられた問が痛烈に響いた。一人きりで絶壁の淵《ふち》にいるのを教えられたようなものであった」と感じるのだった。

『親指Pの修業時代』（河出書房、一九九三年一一月）は恐らく松浦理英子の作品中、最も話題性のあった問題作と言えるであろう。主人公の一実には、遥子という親友がいた。遥子は一実への恋愛がいれられないまま、自死に赴《おもむ》いたのだった。その四十九日を境に、一実の足の親指が男性器に変貌する。「遥子の呪いじゃないか」と思うのだが、「親指ペニスを持つ奇怪な女」となってしまうのである。性行為が可能なペニスを足の親指に持っている一実は、一種の両性具有者と言えるであろう。異性愛と異性との性交渉を自然・当たり前とする人々が多い世の中において、稀少な存在である。彼女は「私を受け入れてくれる者を……探し始め」るのであった。一実の親指ペニスに驚きはしても嫌悪感は示さなかったのは、盲目の作曲家・春志である。ここでは春志に付与されている盲目という属性が重要であろう。作中での春志は、世間の人々の視線を見ない・見えないということによって、それに囚《とら》われずにすむという自由を有している。そのために彼は「人と仲よくすることイコール性行為を行なうことと素朴に信じ」ている。〈ヘテロかホモかという拘りもなく、性行為に構えや線引きを一切設けないのである。この春志とともに、一実は「性にまつわる器官に普通の人と大きく違った特徴」がある〈フラワー・ショー〉劇団の団員たちに遭遇する。団員には、「女ことば」で「服装倒錯者」の政美、「女の精神性が嫌いに」なった繁樹、「他人の体液」に「一種のアレルギー」を起こす亜衣子、シャム双生児の保と慎らがいた。一実も含めて、彼らは異形《いぎょう》の性を身体に刻印されているものたちである。彼らと行動をともにしつつ、一実は知っていく。「不公平で身勝手な男根主義者」の横暴を。「ペニスとヴァギナの結合を最高の快楽と信じ込んでいる」ことの狭隘《きょうあい》を。「現実をあるがままに見つめるよりも観念に基づいて現実を裁断しようと」する頑《かたく》なさを。一実は、繁樹の恋人の映子を、「同性愛的に好きなのだろうか」と自省したのち、「男だとか女だとか言う前に、映子は無闇に気持ちのよい存在」である、と気づく。そして、「貪欲にかつ理知的に惹き出し合った快感と欲望を性器結合によって一つの大きな快楽に昇華させる型通りの性行為よりも、体と心をときめきで満たす密接な肌の触れ合いの方が好ましい、ということこそ、親指ペニスから学んだ最大の事柄」であるという地点に辿《たど》り着くのである。当初は「呪い」かと思われた親指ペニスは、「私にいろいろなことを学ばせるため」の「贈り物」と捉え返されている。

『親指Pの修業時代』の独創性は明らかであろう。トランス・ジェンダーへの松浦理英子の関心は、ホモセクシュアルやレズビアンにとどまらない。性的関係が引き起こす支配・被支配の関係性、その顕現としてのサド・マゾヒズムにとどまらない。今の時代に浸透している文化と人間観のなかでは〈男〉でも〈女〉でもない人物を創り出して、作品世界に生じる波紋を見つめているのである。このような関心の拠《よ》って来たるところはどういう思念なのであろうか。

わたしはずっと、人間に生物学的性差があることが不愉快で、もっと言うなら個体と個体の間に差異があることからして不愉快で、社会の制度や慣習を改善しようがどうしようが永遠に変わりようのないことに関して頭に来てて、それを不適応だとか未成熟だとか決めつける連中は殺してやりたいと思ってる。……日々の生活にそれなりの楽しみがあるとしても、この根本にある不愉快さは絶対に忘れない、……

(『裏ヴァージョン』筑摩書房、二〇〇〇年一〇月)

これは作中人物の発言であるから、作者の肉声とは区別されねばならない。だが、作家として登場しているこの人物は、「親が二人とも女であるジェンダーレスな家族を扱った小説なら書いてみてもいいかも知れない……いわゆるレズビアン・マザーを主人公にする……風俗レポート的な小説は、あまり魅力を覚えない……もっとひねりたいし歪《ゆが》めて腐蝕《ふしょく》させて濃縮・増幅したい」とも語っていて、かなり濃厚に作者の一部分を投影した人物像であろう。引用文中に三度も出て来る「不愉快」に、松浦文学の起爆剤を見る思いである。

愛する女性の飼い犬になった女・房恵

『親指Pの修業時代』で特異なトランス・ジェンダーを描いた松浦理英子は、『犬身』（朝日新聞社、二〇〇七年一〇月）では、性の境界どころか、種の境界すら望んで踏み越えていく人物を創出している。その主人公・八束房恵は文字通り「犬の身」になって、呼び名をフサとされ、飼い主・玉石梓に「献身」的に愛を注ぎつつ、相互に理想的な関係を模索している。奇抜な設定であるが、ある対象への全き理想形の、あるいは考え得る限り美しい関わり方を追究した小説である。〈異類婚姻譚〉が構想の下敷きであり、滝沢馬琴の『八犬伝』やデヴィッド・ガーネットの『狐になった夫人』への言及も作中にある。従来の〈異類婚姻譚〉と異なるのは、犬好きな人間の女性が、自ら強く望んで犬になり、愛する女性に仕《つか》えるという設定、その二重のトランス性（種と性とふたつながらの越境）にある。

房恵は「魅力的な犬というものに自分もなりたいと願う」「ごく自然な心の動き」を幼い頃から抱いていた。小学校二年生のときに作文に書いて男子にからかわれて以来、「漏らさないかわりに胸に宿した願い」を「熟成」させてきた。二〇代半ばになってもそれは変わらない。「性同一性障害」を敷衍《ふえん》させた「種同一性障害」という概念が、「房恵の特性を理由づけるのにあまりにも便利」と気づいたときは、「居場所がはっきりしたという気」がして「感激に涙ぐみそう」になったと言う。「犬への愛情と犬化願望だけでなく、人間の誰にも、男にも女にも、恋愛感情や性的欲求を抱かない理由が説き明かせる」と思っている。この房恵が朱尾献（房恵によると「犬的な精神に充ち満ちた名前」）を名乗るヴァンパイアの不可思議な力で、黒白の牡《おす》の仔犬になり、愛犬を喪《うしな》った梓にもらわれていく。一族でホテルを経営する家の娘であり、自らは陶芸家である梓には、人に言えない秘密があっ

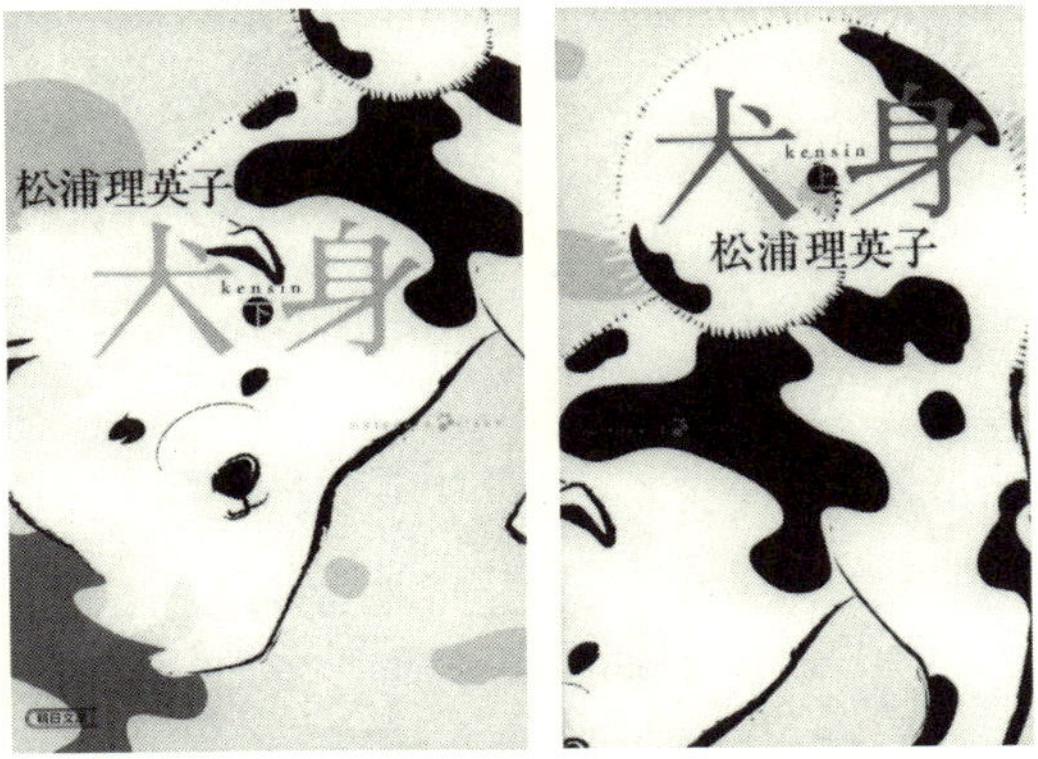

『犬身』朝日文庫　2010年

た。少女の頃から兄に性的関係を強要され続けていたのである。玉石家は地元の名家であるが、内実は奇怪な家族関係の温床であった。「セクシュアルな意味ではなくて、男の存在そのものが好き。男の容姿も腕力も経済力も社会的地位も全部好きで、息子はいちばん身近な男だからもうべったり」という母親。その妻に家と会社双方を牛耳《ぎゅうじ》られて、発言力もなく影薄い父。長男の威光の前に去勢させられた存在であるかのごとき父は、「鬱がひどい」状態に見舞われた末に、韓国へゴルフ・ツアーに出たまま行方をくらませてしまう。このような両親のもとに育った梓は、陶芸家といっても「生活は親が丸かかえ」の状態である。専務として会社の実権を握る兄は「肉親であるという以上に、わたしのマネージャーでありプロデューサー」であって、その庇護のもとにしか生きられない。梓の進路すら決めてきた兄・彬のほうも、妹を自分の「思想とか感性とかを注入」し、「おれが構想して作った作品」とみなし、妻子のいる身となっても妹との性的関係を絶とうとしない。彬は彼なりに梓を求めてはいるのだが、それは梓の自主独立を一切認めない、きわめてエゴイスティックな求め方である。自分の所有物として支配と玩弄《がんろう》の対象とするばかりである。母から溺愛というかたちの支配を受けた彬は、自分より弱い存在である妹を支配する形でしか愛することができない、いわば愛の無能力者なのである。母と彬と梓の間には、支配の連鎖が生じている。(同性にはライバル意識しか持たない母は、彬と梓の兄妹関係にも嫉妬して、梓を不当に疎《うと》んじている。)フサはこのような歪《いびつ》な男性優位原理が働く玉石家から、梓の精神的自立を促しつつ、彼女を救い出していく。

奇想天外のストーリー展開にはエンターテイメントの要素があるが、房恵の形象化には作者の問題追究のための属性が付与されている。朱尾に言わせると「根本的に性別なんか気にもしなかったやつ」なのであり、「社会習俗の影響を受けていない魂」の持ち主なのである。そのようなある種の純粋の立場から、「社会習俗」の悪弊の塊のような玉石家との戦いがなされる。二重のトランスを介しての房恵の梓との関係構築は、相互にとって幸福でもあり、梓の未来にとって有効な力ともなり得たのである。

松浦理英子の小説作品を概観してきた。最新作『奇貨』にはいる前に、一連の作品理解の手掛かりとなりそうな述懐を紹介しておきたい。

松浦理英子は十代の頃からジャン・ジュネの愛読者であったと言う。青山学院大学で仏文科に進んだのも、ジュネを読みたかったからだと言うほどに、その鍾愛は深い。ジュネの『薔薇の奇蹟』を論じる文学エッセイのなかで、松浦は言う。「外見的な道具立ての特異さに眼を眩ませられなければ、この小説が煽情的でも露悪的でもスキャンダラスでもなく真面目でまっとうな作品である事実を見失うことはない。」（『優しい去勢のために』筑摩書房、一九九四年九月）これはそのままの文言で松浦自身の作品評価に当てはめうるものである。

これに続く、「語り手ジュネが固執するのは、肉体の快楽よりもむしろ思慕の対象との交渉によって惹き起こされる喜びや落胆、嫉妬や憐憫《れんびん》といった精神の変化の模様なのである」との文言も、松浦作品の諸作に当てはまる。愛読した作家・作品の水脈を継ぎつつ、新たな文学作品が創造されていく。

同じく『優しい去勢のために』から、松浦の指向性を端的に語る一文を引用する。

裸になっても脱ぎ足りない。……服以外の何かで着膨《きぶく》れしているせいではないだろうか。……そこでわたしたちは脱ぎ始めた。何を？　あらゆる余計なもの、不潔なものを。おそらく、おめでたい期待やら、執着心やら、偏った好奇心やら、もしかするとこの世のどこかでは恋情の中に当然含まれるとされているかも知れないものを。脱ぎ棄てて行くにつれ、身軽になり感覚が澄んで来るのは愉快なことだった。／そして、気がついたら〈性器〉も脱いでいた。

「〈性器〉を脱」ぐ、とは、まずは身体的に刻印された自らの性（それが単純に〈男〉と〈女〉に二分できるとは限らないことにはここでは立ち入らない）、多分に社会や文化のなかで醸成された性意識から自由になる、ということであろう。自分は男（女）だから女（男）に惹かれるのが自然だという作られた〈自然〉の呪縛からの解放を、それは意味している。だとしたら、愛執の対象の性は固定的とは限らない。たとえば男を愛することも、女を愛することも、その時々、相手次第という恋着のありようも、おおいに是であろう。それは同時に、「ペニスとヴァギナ」の組み合わせによる性行為を最上ととらえる固定観念をも打破するものである。『優しい去勢のために』の「端書き」で、松浦は『親指Pの修業時代』のテーマを、「非＝性器的なエロスの称揚《しょうよう》」と明確に規定する。その〈修業〉は『犬身』でも続いている。

「つまるところ脱ぎ棄てるべき〈性器〉とは、常に他性の性器を意識し、行為中でなくとも想像上の他性器を身にまとった、それ自体が架空のものと言っていい性器である」（『優しい去勢のために』前掲書）――これをやや砕いた表現で言い換えるなら、次のようになるだろうか。私たちは自分を男であるとか女であるとか自認している。それは不断に自分にとっての〈異性〉を意識させられる自己規定である。つまり、たとえば女であるという意識をもつ「私」は、不断にそう思う限りにおいて、男性器の〈対〉である女性器を身にまとっている。「脱ぎ棄てるべき〈性器〉」は、その〈女性器〉なのである。この場合の〈女性器〉のいわば観念性が、身体器官の〈ヴァギナ〉と別物であることは言うまでもない。

女友達と女同士でつき合いたい男・本田

『犬身』という小説が目論んでいるのは、〈自分〉を起点に同種の異性に対して惹かれる（と思いこんでいる）固定的なセクシュアル・アイデンティティーの揺さぶりである。それが端的に表れるのは、彬に性行為を強いられている梓を見るにいたたまれず、家を飛び出したフサが、梓のもとに帰ってシャワーで洗われる場面である。「フサが心配をかけてほんとうに悪かったと謝る気持ちで見上げると、（梓も）何ともいえないせつなげな眼で見返した」、「梓はフサを床に引っくり返し、腹や胸元の毛の中に入り込んだ草や土塊を指で丁寧に取った」、その間シャワー・ノズルから流れる湯に背中や脇腹を温められ、フサは「疲れた体と心を揉みほぐされとろんとした心地」になり、「飾り気もない浴室の天井が南国の空のように見えた」のだった。この話を聞いて「人間同士だったらついに結ばれてもおかしくないシークエンスだったな」と揶揄《やゆ》する朱尾に、「そんな通俗的なパターンは踏みたくない」と反発しつつも「お互いへの情熱の昂まりを感じたのは事実」だとフサは思っている。甘い時間は次のように続く。

ベッドに伏せたフサに梓はそっと綿毛布をかけた。向かい合わせに横たわった梓に首筋や頬を撫でられるとフサも優しい行為を返したくなって、梓の顔に向かって舌を伸ばし唇でも鼻でも触れた所を軽くちろちろと舐めた。梓はくすぐったそうに首をすくめもしたが、表情はいちだんと甘くなり、指先でフサの毛を掻きまわしたり毛の流れに沿ってとかしたりした。梓が寝入った頃、……寝息をたてている梓の白い顔を見下ろすととてもかわいそ

うになって、額に前肢を置き撫でるかわりに肉球でそっと押した。（第三章）

それはフサにとって、「人間だった時には経験した憶えのない複雑な心持ち」の幸せだった。朱尾によると「平板な幸せなんて鳥の餌にくれてやれ。多少の苦しみを支払ってでも愛情と情熱の深みで酔え」と鼓吹されるところとなる。

このときのフサは人間の女を前身とする牡犬《おす》であり、梓は異種ではあるとして、同性なのか異性なのかは判然としない。その混沌も作者によって巧まれていることであり、いずれにしてもフサがエロティックな快感を得ていることを知ればいい。梓の方の受け止めはフサの語りから推察するしかないのだが、家族の中で孤絶をかかえている梓にとって、フサの存在が唯一の癒しでも救いでもあることは確かである。種の相違を越えて、全的な信頼と愛情に結ばれたフサと梓が、皮膚の接触と愛撫から感得している心地よさは相互的であると読んでよいであろう。『親指Pの修業時代』でテーマであった「非―性器的エロスの称揚」は、『犬身』では、このようなかたちで展開されている。

『犬身』から五年、最新作「奇貨」（『新潮』二〇一二年七月）でも、松浦理英子は「平板な幸せ」にさほどの価値を認めずに、苦しみを伴う「愛情と情熱の深み」を指向している。その点は同じではあるが、大きく異なるのは、エロスの誘引とは別の所でトランス・ジェンダーを伴う人間関係が求められている点である。『奇貨』は、松浦作品には珍しく男性の主人公兼語り手を配した小説である。とは言っても、このような男性人物の影が従来の松浦作品になかったわけではなく、たとえば『犬身』で人間であった頃の房恵の友人・久喜にその原型を読むことは可能である。

『奇貨』の主人公であり語り手である本田は、四五歳の「貧乏私小説作家」である。人生の半ばを過ぎているのに、「恋がどういうものかしかとはわからない私」と言うように、過去には「怨恨を残すほどの濃厚な恋愛の経験がない」男である。以前つき合った女性に、「普通の男にはある男らしさ、オス臭さみたいなものがない」と言われたことがある。自分でも「女の気持ちがよくわかる男」、「あまり性欲が強くなく……相手に男性性を感じさせない」と思っているのだが、男性に性欲を感じたことはない。性行為への好みが「男の中で多数派には属さないと自覚」してはいる。すなわち性器接触による恍惚感への到達が最上の性行為であるとは本田は思っていない。この本田が、かつて会社の後輩だった七島という女性に、熱い友情を抱く。恋愛感情も性的欲望もないままに、七島との間に密接な感情的関わりを持ちたいと望むのである。

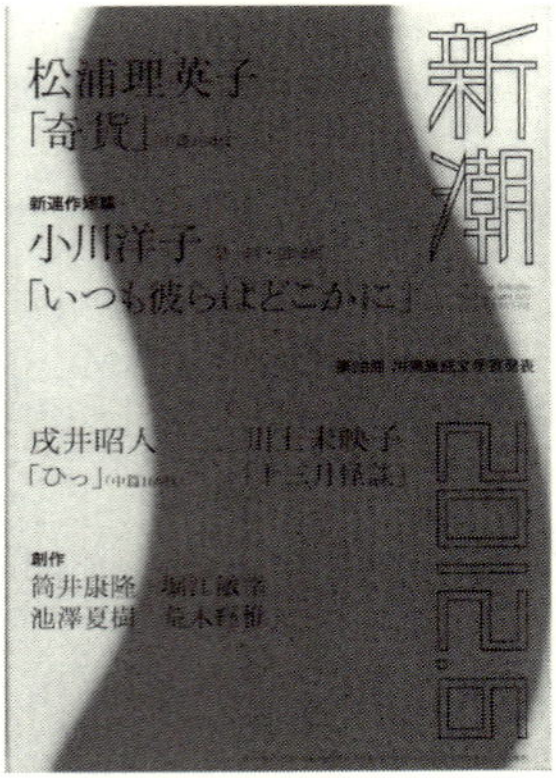

『新潮』表紙　2012年

七島は三五歳の会社員。会社で恋愛トラブルをかかえ、本田の部屋に移り住んできたレズビアンの女性である。そのトラブルとは、七島からは強い愛執の対象である寒咲という女性との間に生じていた。七島は寒咲と一度は性的交渉をもつものの、相手は好奇心と自己愛（同性にも愛される自分を誇示したい）からのことであった。台湾勤務になった寒咲と一旦は顔を合わさずに済んでいたのだが、帰国し再会すると七島は苦しくなる。自分の愛執を軽くいなした寒咲に復讐したい思いと、それでもやはり彼女に性的パートナーとしての魅力を感じている思いとの板挟《ばさ》みである。この七島・寒咲の関係性は、寒咲の人物像ともあいまって『奇貨』水面下のストーリーの読み所なのであるが、ここでは立ち入らない。本田・七島間の関係性に焦点を当てていくこととする。寒咲との間を割り切れずにいることを、七島は「人と人との関係ってそんな結果がすべてみたいな単純なものじゃない」と言う。本田によると「こいつも好みの偏った奴」と捉えられ、自分になついているのは「筋金入りの変人であり孤独な人間なのだろう」とも思っている。

本田の場合は女性（恋愛・結婚）への興味の希薄において、七島の場合は性的指向において、マイノリティーである。それらの特徴はすなわち、人間関係の作り方においてマイノリティーであることを意味する。『奇貨』は性的関心と能力が減退している男（糖尿病で勃起不全）と、レズビアンの女性の同居空間を設定し、性的関係を封印された男女間にどのような感情の交流、心理的展開が生じるかを追究した小説である。

本田にはある種のトランス・ジェンダー願望が指摘できる。「ある種の」と限定的に表現したのは、通常のそれが、性愛の対象の性に応じるべく、自らの性自認の変更を求めるものであることと異なっているからである。分かりやすく言うなら、たとえば「私は女である」、「愛する相手は女である」という状況のときに、「私は女であるが、彼女を愛している」（性自認は揺らがない）場合と、「彼女を愛しているから、私は男になりたい」（自分の肉体的性を否定する方向に欲望が動く）場合とに分かれる。トランス・ジェンダー願望が生じるのは後者の場合である。本田の場合は、七島との間に期待するのは、親密な女同士のようにつき合いたいということであって、レズビアンの七島の性的パートナーになりたいから女になりたい、ということではない。つまり、トランス・ジェンダー願望が、エロティックな欲求とは別の人間関係の希求に胚胎しているのである。

付言しておくなら、概して松浦理英子描くレズビアンたちは、性的欲望と行為の対象は女性であるが性自認に揺るぎがない、とひとまずは言えるが、その性自認が、女であることに拘りをもたない柔軟なものである点で特異である（「私は女、だけど女が好き」なのではなく、「女が好き、私も女とされているけれど、それはどうでもいい」ということである）。

本田のトランス・ジェンダー願望を見ておこう。「精神的にも肉体的にも女の方が好きだ」

と言う彼の、欲望の対象は女である。「三十代から四十代初めにかけては、性の喜びは風俗嬢に、交友の楽しみは女友達に満たしてもらう日々だった」、この二極分化は本田という人物をよく語っている。恋愛や結婚に惹かれない彼は、特定の恋愛対象とのカップリングへの望みをさほど持たない。「風俗嬢」と「女友達」で適宜満たされていたのである。だが、年齢を重ねるにつれ、「女友達のほとんどが結婚」し、「親も亡くし」、「頻繁に行き来する男友達はもともといない」という有様である。「残り少ない女友達への精神的な依存度が高まった……ただ、向こうは私をそれほどたいせつな友達とは見なしておらず……そのことにもやもやとしたものを覚え、私は女に生まれた方が幸せだったのではないか、などとうっかり考え」ている。このような心情を基盤として、トランス・ジェンダー願望が胚胎していく。「所詮私は生物学的にも社会的にも男であって、女友達に完璧に女同士のようなつき合いをしてもらえるわけではない。……どんなに楽しく話せても、おそらく彼女たちと私の間にはどこかに感性や存在感の違いがあるのだろう」という寂しさを意識することになる。「現在の私が抱くせめてもの願いは、……女友達と女同士のように仲よく遊んだり世話をし合ったりすることである。……私は女友達とも恋人とも女同士のようにつき合いたい」。このような本田にとって七島は、レズビアンであるがゆえに男性には性的興味がない、まさにそのことによって、理想的な女友達である。七島の事情から同居することになり、家事の分担もでき、日々の話し相手にもなっていた。だが、七島に新たな女友達・ヒサちゃんが現れることで本田の平穏は乱される。七島はヒサちゃんのことを「向こうもレズビアン」だが、「ないない、友達に恋愛感情持つなんて」と言い、恋情はきっぱり否定する。そのうえで、「性欲も接触欲もないけど……萌えてるみたい」、「いちばん楽しい時期」だと言い、かかってきた携帯電話を握り締めて、嬉々として部屋に籠もって会話を楽しむ。寒咲とのことを、その場にいる本田をさしおいて、ヒサちゃんに細かに打ち明けていることにも本田は嫉妬する。小学生時代にはありがちな同性間での〈友達ロマンス〉とも、恋愛関係における「本格的な嫉妬心」とも無縁に過ごしてきた本田にとって、生涯で初めて憶えた嫉妬である。この「嫉妬や僻みや寂しさが昂じておかしな形に変質した」のか、七島とヒサちゃんの会話を盗聴器を仕掛けてまで聞こうとする。「七島と友達の会話に興味が募って行ったのは、そこに私が七島に与えることのできないまばゆい何かがあり、私にとっては未知の幸福を見出せるはずだ、と考えたから」だとも本田は言う。七島にとってのヒサちゃんの位置に自分を置きたい、〈女同士のつき合い〉がしたい、ということが本田の願望なのである。「物理的に七島のいちばん近くにいるのは私」なのに、「つらいこと」を「私と分かち合おうと」せず、「沈んだ眼をして私の前を素通りする」のを見ると、「日々七島に私に欠けているものを突きつけられているような気がする。私には七島が私にしない話を盗み聞きする以外に感情を鎮める術がない」のであった。

結局、盗聴が知られ、七島は同居を解消することになる。その話し合いの場で、「何でわたしなんかのことをそこまで考えるの？　恋愛感情も性欲もないいんでしょ？」と尋ねられた本田は、「おれにとってきみは……何としても取っておきたい奇貨」なのだと答える。

「何しろきみは男社会からはみ出した男の味方をして一緒にいてくれる女だからな。それも母親や姉みたいに上から叱咤激励したり包み込もうとしたりするんじゃなくて、妹が兄貴にするみたいにそっと肩を並べてくれたり、ささやかな何かを手渡してくれるようなやり方で。……女房なんかいらないけれど、きみにはそばにいてほしかった。」

盗聴がプライバシーを侵害する卑劣な、かつ四五歳の分別盛りであるべき男としては何とも情けない行為であることはさておき、ここで吐露される本田の心情には切実な哀感がある。性欲も恋愛感情も含まない、それでもあり得る、このような人間関係への希求が、『奇貨』には通底している。盗聴が暴露されたあとも、七島は同居の解消を申し出るものの、痛烈に本田を責め立てたり、全面的に拒否したりはせず、引っ越す前にヒサちゃんと三人で飲もうと誘うのである。「招待してあげるから、盗み聞きじゃなくてじかに見聞きして会話にも参加したらいいよ」と。この類い希な包容力が本田にとっての七島の魅力であろう。

終わりなのか、絶対にもう赦してくれないのか、と訊きたいけれども訊くことができず、私は七島のイメージを拳にぎゅっと握り込む。……私は拳を握り締めたまま立ち上がった。掌中にあるのは私の奇貨だ。

同居は解消しても、七島のような人間にめぐり会えて、自分の熱情や嫉妬を引きだされたこと、これで「終わり」だとしても、関係を構築するドラマがふたりの真摯な感情において展開したこと、本田が得た「奇貨」はかけがえなく貴重である。

トランス・ジェンダーを手掛かりに松浦理英子の諸作品を読んできた。男性優位主義への嫌悪と否定、女性であることに拘《こだわ》らないセクシュアル・アイデンティティーの模索、「非―性器的エロスの称揚《しょうよう》」、種と性・二重の越境を経て、『奇貨』では、官能的牽引力の磁場の外での人間関係が模索されている。社会生活においても、家庭内においても、人間関係が希薄になったと言われる現代、松浦描く人物たちのように粘着的に人と関わろうとする小説世界は類を見ない。きわめて独創的な文学と言えるのではあるまいか。

トランス・ジェンダーという語と松浦理英子の文学について、もう一度まとめておこう。松浦作品が企てているのは、おしなべて、固定的なセクシュアル・アイデンティティーへの揺さぶりだと捉え得る。愛する相手との合一を求めるなら、両者の間の壁は邪魔物である。境を越えること、「トランス」願望は自然である、あるいは、そもそも境を設けないことこそ望まれる。その願望をさまざまに表象し、追究したのが、松浦理英子の諸作品である。

人は大切な相手と、ともにいたい、分かり合いたい、支え支えられる間柄でありたいと願う。だが、それはなかなかにかなえられない。身分の差や家族の反対などという前時代的な障壁がなかろうとも。親友や恩人の妻などという、いわゆる不倫の関係でなかろうとも。人が人である限り、免れない利己性や自尊心はつきまとい、性的合一感は刹那の幻想でしかない。人間的知につきものの配慮や推測が、媚びや企みと見まがわれることもある。サド・マゾヒズム関係においてティピカルに顕現するごとく、愛と支配―被支配、快楽の授受の期待感は、絶えず移動して平衡を妨げる。松浦理英子の人物たちは、それでも尚、愛執の対象たる相手への接近を諦めない。同性であること、時には同性でないこと、マゾヒスティックな愉悦を享楽していること、時には人間と犬であること……さまざまな障壁に果敢に立ち向かっていく。

参考文献

石川忠司『現代小説のレッスン』講談社現代新書、二〇〇五年六月。

村上春樹『スプートニクの恋人』講談社、一九九九年四月、引用は講談社文庫。
江國香織『きらきらひかる』新潮社、一九九一年五月、引用は新潮文庫。
西加奈子『さくら』小学館、二〇〇五年三月、引用は小学館文庫。
中島京子『ＦＵＴＯＮ』講談社、二〇〇三年五月、引用は講談社文庫。
荻原雄一「松浦理英子論」『国文学解釈と鑑賞別冊』至文堂、一九九一年五月。
松浦理英子『セバスチャン』文藝春秋、一九八一年八月。
松浦理英子『ナチュラル・ウーマン』トレヴィル、一九八七年二月、引用は河出文庫。
松浦理英子『親指Ｐの修業時代』河出書房新社、一九九三年一一月、引用は河出文庫。
松浦理英子『裏ヴァージョン』筑摩書房、二〇〇〇年一〇月、引用は文春文庫。
松浦理英子『犬身』朝日新聞社、二〇〇七年一〇月、引用は朝日文庫。
松浦理英子『優しい去勢のために』筑摩書房、一九九四年九月、引用はちくま文庫。
松浦理英子「奇貨」『新潮』二〇一二年七月（初刊　新潮社、二〇一二年八月）。

夢野久作・湊谷夢吉とアナスタシア伝説

細川涼一

はじめに

一九一八年七月一六日、ロシアのロマノフ王朝最後の皇帝ニコライ二世とその家族——皇后アレクサンドラ、四人の皇女オリガ、タチアナ、マリア、アナスタシア、末弟の皇太子アレクセイ——は、幽閉されていたエカテリンブルクのイパチェフ館でボルシェビキの手によって銃殺された。しかし、皇帝とその家族は生きているという生存説が直後から流れた。とくに、一家の唯一の生き残りアナスタシア皇女だと主張するアンナ・アンダーソンが出現したことによって、四女アナスタシアの生存説は「アナスタシア伝説」として今日に伝わった。(1)

エカテリンブルクの惨劇から一八ヶ月後の一九二〇年二月、二〇歳前後の娘がベルリンのベントラー橋からラントヴェール運河に飛び込み、警官に助け上げられた。身元を示す所持品は皆無で、本人も身元や自殺未遂の動機については口を閉ざして語ろうとしなかった。警察は彼女に喋らせることは諦め、三月の末にはベルリン郊外のダルドルフ精神病院に入れられた。この女性が、のちにアナスタシア皇女だと名乗り、一九二八年八月にアメリカのホテルに滞在して以来、アンナ・アンダーソンという名前も使った女性である。

ニコライ二世の皇女たちの数奇な運命については、日本の探偵作家の興味を集め、いくつかの探偵小説が発表された。アレクサンドラ皇后と娘たちは、一九一八年三月、軟禁されていたトボリスクでエカテリンブルクに幽閉されることを告げられると、万一の場合に備えて衣服の裏地に宝石類を縫い込んだ。戦前からの探偵作家であり、九州帝国大学史学科を卒業して西洋史にも造詣が深かった渡辺啓助は、この挿話を活かし、タチアナ姫がエカテリンブルクで死んだ際に隠した宝石をめぐる探偵小説『鮮血洋燈』を一九五〇年代に著した。[2]また最近では、島田荘司がアンナ・アンダーソンを本物のアナスタシアと認める立場からのミステリー『ロシア幽霊軍艦事件』を発表している。[3]

しかし、アナスタシア伝説をめぐる探偵小説の嚆矢といえるのは、エカテリンブルクの惨劇から一〇年後の一九二八年一〇月に、夢野久作が『新青年』に発表した「死後の恋」であろう。[4]「死後の恋」は、アナスタシアはエカテリンブルクで殺されたのではなく、男装して白軍（帝政派）の兵卒に紛れ、ウラジオストク近郊まで逃れて殺されたという設定になっている。アナスタシア伝説を脚色した作品としては、世界的に見ても早い時期に書かれた小説といえよう。アナスタシアの名前とストーリーを使用したサイレント映画『女は衣裳でつくられる』（イヴ・サザン、ウォルター・ピジョン主演）がハリウッドで制作されたのが、「死後の恋」の発表と同じ一九二八年のことである。

本稿では、アナスタシア伝説を脚色した小説の嚆矢ともいえる夢野久作の「死後の恋」と、夢野久作からも影響を受けて、一九三〇年代の中国大陸を舞台としたマンガ（劇画）を描いた湊谷夢吉のアナスタシア伝説を素材とした劇画を取りあげることにしたい。

夢野久作「死後の恋」

大正七（一九一八）年八月、日本はロシア革命に干渉するために、居留民保護とチェコ軍（白軍に味方していた）の救援を名目としてシベリアに出兵した。「死後の恋」は、ロシアの貴族の一人息子と称する元白軍の兵卒が、ウラジオストクに出兵した日本の軍人に自分の体験を訴える、一人称説話体で書かれている。久作の探偵小説の中でも、「氷の涯」「支那米の袋」とともに、シベリア出兵が契機になっているシベリア作品群として位置づけられる作品である。(5) 次にそのあらすじを示そう。

革命の時に両親を喪った私（ワーシカ・コルニコフ）は、自殺気分を取り交えた自暴自棄の考えから兵隊になり、白軍のセミヨノフ将軍の配下について、赤軍（ボルシェビキ）のあとを逐いつつ、烏首里（ウスリ）という村に移動してきた。そこで、同じ分隊に編入されたリヤトニコフという一七、八歳の少年兵士と仲よしになった。セミヨノフ軍は、ニコリスクの日本軍に斥候を出すことになったが、その前日、リヤトニコフは、隠し持っていた二、三〇粒の宝石を私に見せながら、次のような身の上話をした。

「これは今まで誰にも見せたことのない、僕の両親の形見なんです。（中略）僕の両親は革命の起る三カ月前……去年の暮のクリスマスの晩に、これを僕にくれたのですが、その時に、こんな事を言って聞かせられたのです。……この露西亜には近いうちに革命が起って、私たちの運命を葬るようなことになるかも知れぬ。だからこの家の血統を絶やさない、万一の用心のために、誰でも意外に思うであろうお前にこの宝石を譲って、コッソリとこの家から逐い出してしまうのだ。（中略）お前は活発な生まれ付きで、気性もしっかりしているから、きっと、あらゆる艱難辛苦に堪えて、身分を隠しおおせるだろうと思う。そうして今一度私たちの時代が帰って来るのを待つことが出来るであろうと思う。……しかし、もしその時代が、なかなか来そうになかったならば、お前はその宝石の一部を結婚の費用にして、家の血統を絶やさぬようにして、時節を見ているがよい。そうして世の中が旧にかえったならば、残っている宝石でお前の身分を証明して、この家を再興するがよい……」。ところが昨夜、分隊の仲間がヒソヒソと話をし合っているのを聞いていると、リヤトニコフの両親や弟が、過激派のために銃殺されたという噂だった、というのがリヤトニコフの身の上話である。

ニコラス（ニコライ―引用者）廃帝が、皇后や皇太子や内親王たちと一緒に銃殺されたという噂は、司令部で私も聞いており、リヤトニコフの身の上話とその噂とを結びつけて考えると、私は重大この上もない事実に直面していることがわかった。しかし、疑わしいのはニコラス廃帝が、内親王は何人も持っていたにも拘わらず、皇子は今年やっと十五歳になった皇太子アレキセイ以外に一人も持っていなかったことである（すなわち、リヤトニコフの身の上話から、彼はニコライ二世の皇子らしいと考えたとしても、「弟」であるアレキセイを殺されたニコライ二世の息子というのは実在しないという矛盾が起きる―引用者）。

烏首里を出発して一四日目の正午頃、私共斥候隊は赤軍に発見されることなく、ニコリスクが鼻の先と言ってよい草原まで来た。その時、不意にケタタマシイ機関銃の音が起き、その中の一発が私の股を突切っていった。仲間の者は、私が負傷した事に気づかないらしく、皆銃を提げて、草の中をこけつまろびつしながら向うの森の方へ逃げて行った。その影がだんだんと小さくなって、先頭に二人の将校、そのあとから一一名の下士卒が皆無事に森の中に逃げこんだ。その最後に、かなり逃げ遅れたリヤトニコフの姿が、森の中へ消え入ってから一〇秒も経たないうちに、森の中で突然に息苦しいほど激烈な銃声が起った。それが又、一分間も経たないうちにピッタリと静まると、あとは又もとの通り、青々と晴れ渡った、絵のようにシインとした原ッパにかえった。

気が遠くなって草の中に倒れた私は、やや暫くして正気を回復すると、すっかり日が暮れた森の奥の方に進み入った。森の奥まで来る間に死骸らしいものには一つも行き当らず、戦闘の遺留品にも触れなかったことから、私は、味方の者は無事にこの森を出たかも知れないと推測した。森の中あたりに在る、すこしばかりの凹地のまん中に坐りこむと、私はポケットからガソリンマッチを取り出して、自動点火仕掛の蓋をパッと開いた。その光りをたよりに、まず鼻の先に立っている、木の幹かと思われていた白いモノを見定めた私は、声を立て得ずガソリンマッチを取り落とした。

取り落としたガソリンマッチでメラメラと枯れ葉が燃え上り、そこに照らされたのは、私のいる凹地を取り巻いた巨大な樹の幹に、一ツずつ括りつけてある丸裸の人間の死骸だった。それは皆、最前まで生きていた私の戦友ばかりで、そのどれもこれもが銃弾で傷ついている上に、眼を抉り取られたり、歯を砕かれたり、耳を引き千切られたり、股の間を切りさいなまれたりするなどのあらゆる残酷な苦痛と侮辱とがあたえられていた。

背後をふり向くと、そこの一際大きな樹の幹に、リヤトニコフの屍体が引っかかっていた。

それはほかの屍体と違って、全身のどこにも銃弾のあとがなく、また虐殺された痕跡は見当たらなかった。その首の処をルパシカの白い紐で縛って、高い処に打ち込んだ銃剣に引っかけてあるだけだったが、そのままリヤトニコフは、左右の手足を正しくブラ下げて、両眼を大きく見開きながら、私の顔を見下ろしていた。その姿を見た時に私は、何だかわからない奇妙な叫び声をあげた。

……リヤトニコフは女性だったのです。しかもその乳房は処女の乳房だったのです。……ああ……これが叫ばずにはおられましょうか。昏迷せずにおられましょうか。……ロマノフ、ホルスタイン、ゴットルプ家の真個《ほんとう》の末路……。彼女……私はかりにそう呼ばさせて頂きます……彼女は、すこし遅れて森に入ったために生け捕りにされたものと見えます。そうして、その肉体は明らかに「強制的の結婚」によって蹂躙されていることが、その唇を隈取っている猿轡の瘢痕《あと》でも察せられるのでした。のみならず、その両親の慈愛の賜である結婚費用……三十幾粒の宝石は、赤軍がよく持っている口径の大きい猟銃を使ったらしく、空砲に籠めて、その下腹部に撃ち込んであるのでした。私が草原を匍っているうちに耳にした二発の銃声は、その音だったのでしょう……そこの処の皮と肉が破れ開いて、内部から掌ほどの青白い臓腑がダラリと垂れ下っているその表面に血まみれたダイヤ、紅玉《ルビイ》、青玉《サファイア》、黄玉《トパーズ》の数々がキラキラと光りながら粘り付いておりました。（中略）ああッ……アナスタシヤ内親王殿下……。

以上が「死後の恋」のあらすじである。膣に宝石を撃ち込まれたアナスタシアの最期は、たとえば『夢野久作の日記』[6]大正十三（一九二四）年条の欄外に、「美しい此姉さんを突き刺したら香水の血が出るやうな気がする」と猟奇歌を書き付けた久作の、一編の無惨絵だといえよう。

「死後の恋」の執筆経緯については、『夢野久作の日記』からうかがえる。すなわち、昭和三（一九二八）年七月二四日条に、「新青年、水谷（準―引用者）、延原（謙―引用者）両氏編輯。横溝（正史―引用者）氏、文芸倶楽部に去る。延原氏より原稿注文。電報にて、ゐなかのじけんならば直ぐ送る。本格ものならば八月十日まで待てぬかと云ひしに、五日まで待つ、本格物頼むと云ひて来る。大いに迷ふ」、二五日条に、「新青年の原稿、いろ〳〵考えし末、ローマン派の死後の恋を送るに決し、明後日原稿送ると延原氏に返電」、二六日条に、「原稿書きにて午前四時半まで。東の空白らみ蟬ギー〳〵と泣き出す」、二七日条に、「午前十時まで寝る。一旦綴ぢし原稿を解きて又書き直し、午后八時甚チヤンに自転車で局まで届けさす。未練甚だ残る。生れて初めて原稿に逐はれしわけ也」とある。これだけの練られた作品でありながら、原稿依頼から原稿の送付までわずか四日間であったことがわかる。また、一〇月九日条に、「新青年来る。「死後の恋」評よし」とある。

東に逃げる「アナスタシア」

「死後の恋」は、エカテリンブルクで殺されたとされるアナスタシアが男装して白軍の兵卒に紛れ、ウラジオストクに出兵した日本兵を頼ろうと東に逃げる設定になっている。島田荘司は恐らくは久作の「死後の恋」にもインスパイアされ、妊娠中のアナスタシアは、アナスタシアかその息子を国王とするシベリア傀儡国家を作ろうとする日本軍によって、日本に移送されたとするミステリー『ロシア幽霊軍艦事件』を著した。

ところで、アンナ・アンダーソンは、エカテリンブルクの虐殺の際、自分が助かった理由を、姉のタチアナの背後に隠れていたため、銃弾に倒れたが、命は助かったと述べている。若い兵士のアレクサンドル・チャイコフスキーは、まだ彼女に命脈があることを知り、彼女を救うことにした。こうして、彼女はアレクサンドル・チャイコフスキーとその兄のセルゲイに手押し車の中に隠され、陸路ロシアを西に逃げてルーマニアのブカレストに着いたのである。ブカレストでチャイコフスキー一家と暮らす間に、妊娠していた彼女は男児を生んだが（この子は彼女の手元から引き離されて養子に出された）、ある日アレクサンドルが市街戦に巻き込まれて死んだ。そこで彼女は、母親の妹のイレーネ・プロセイン公妃がベルリンに住んでいるのを頼ろうと、セルゲイとともにベルリンにたどり着いた。しかし、ベルリンでセルゲイとも生き別れ、庇護者を失った彼女はベントラー橋からラントヴェール運河に飛び込んだところを警官に救われたのである。

一九二五年には、デンマークに亡命していたニコライ二世の妹のオリガ大公女がベルリンでアンナ・アンダーソンと面会し、いったんは彼女を姪のアナスタシアと確認したにも関わらず、のち公の場で否定し（オリガの否定の背景には、イギリスの銀行にあるニコライ二世の預金の相続問題があったとされる）、久作が「死後の恋」を発表した一九二八年の二月には、渡米したアンナ・アンダーソンが生き延びたアナスタシア皇女としてニューヨーク社交界の人気者になるなど、アンナ・アンダーソンのニュースは世界中に知られていた。

しかし、アンナ・アンダーソンはロシアを西にルーマニアに逃げている。アナスタシアが東に逃げ、ウラジオストクの日本軍と接触しようとしたという「死後の恋」の発想を久作はどこから得たのであろうか。

一九二〇年にはイパチェフ館にまぎれ込んだ帝政派の手によって、ロマノフ一家がエカテリンブルクから脱出したとする、次のような目撃談が現れた。すなわち、一家は汽車でウラジオストクまで行き、そこで皇太子や皇女たちを連れた皇后が日本に向かう船に乗り込んだことが目撃された。そして一家はその後、イギリスの保護のもと中国に隠れ住んでいるとか、日本の

小さな町にいるといわれたのである。(7)

以上は風説のたぐいに過ぎない。しかし、イパチェフ館でロマノフ一家とともに殺された侍医エフゲニー・ボトキンの息子で、アナスタシアの幼友達でもあるグレプ・ボトキンは、父親やロマノフ一家が虐殺されたことを聞くと、トボリスクから白軍が奪回した直後のエカテリンブルクに飛んでいった。グレプはエカテリンブルク近辺のロシア正教の修道院でその夏を過ごし、父親や皇帝一家の足取りをつかもうとしたが、ボルシェビキがロシア全土を掌握してくると、ウラジオストク経由で日本に亡命している。彼はニコライ二世統治下の国立ロシア銀行の頭取の娘、ナディーネ・コンシンと日本で結婚し、しばらく日本で暮らしたあと、一九二二年にアメリカのニューヨークに渡っている。のちアンナ・アンダーソンに面会したグレプは、彼女を本物のアナスタシアと認め、彼女の変わらぬ後援者となり続けるのである。(8) すなわち、グレプ・ボトキンの事例から、実際にエカテリンブルクからウラジオストク経由で日本に亡命したロシア人がいたことがうかがえるのである。

久作はこれらの事例から、アナスタシアがシベリアに出兵している日本軍に接触しようと東に逃げる設定にしたのであろう。「死後の恋」と同じくシベリア作品群の「氷の涯」「支那米の袋」は、庄林というシベリア出兵の従軍体験者から材料を提供されたことが『夢野久作の日記』の記述からわかっている。(9) これに対して、「死後の恋」の「生き延びたアナスタシア」をめぐる情報を、久作はどこから集めたのか、『夢野久作の日記』にも記録はない。しかし、久作の父・杉山茂丸は、頭山満の玄洋社系の右翼壮士として政界や大陸浪人に幅広い人脈を持っていたから[10]、久作は父の茂丸経由でロシアの皇女をめぐる素材を蒐集したと考えていいであろう。久作の子の杉山龍丸の記憶によれば、「死後の恋」は、茂丸がやっていた政界財界のクラブ台華社の関係者による話が素材だとされている[11]。

男装するアナスタシアと川島芳子

「死後の恋」でアナスタシアは男装して白軍兵士にまぎれ込んだ。「焦点《フオカス》を合わせる」（一九三二年六月）[12]の男装する女スパイ青紅、『犬神博士』（一九三一年九月―三二年一月）[13]の女装して踊る男児の芸人チイ、『暗黒公使』（一九三三年一月）[14]の女装する美少年呉井嬢次など、異性装による性の転倒は夢野久作が繰り返し描いたテーマである。「死後の恋」はその最も早い作例といえるであろう。

これらの作品における異性装をめぐっては、「性の転換と仮装による日常性の断絶」の事例として論じたり[15]、日本の神が両性具有（アンドロギュヌス）であったことと結びつけ、『犬神博士』の女装の乞食芸人チイに落魄して流浪する神の姿を見出したりするなどの考察があるので[16]、ここではそれについては繰り返さない。

『暗黒公使』では、脇役ながらロマノフ家の公女カルロ・ナイン殿下がロシア革命によって流浪し、曲馬団員に身をやつして日本に亡命する姿も描かれている（ただし、「死後の恋」のアナスタシアと違って、『暗黒公使』のカルロ・ナインは架空の人物である）。久作がロシア革命後のロマノフ一家の運命に、一過性ではない興味を抱き続けたことがうかがえよう。しかも父の杉山茂丸が、『百魔』で日本の国家利益を露骨に主張する「国事家」としての立場からロシア問題に関心を寄せたのとは違って、「不肖の息子」の久作が興味を抱いたのは、落魄して流浪逃亡するロシアの皇女・公女の弱者の運命であった。「死後の恋」のシベリアを東に逃げるアナスタシアと、『暗黒公使』の日本に亡命したカルロ・ナイン公女を繋ぎ合わせると、島田荘司の『ロシア幽霊軍艦事件』における、「日本に亡命したアナスタシア」が完成することになるのである。

「死後の恋」の男装する皇女アナスタシアの発想を、久作は清朝皇族・粛親王の王女で、「男装の麗人」として知られた川島芳子から得たものと思われる。[17] 川島芳子が著名になったのは、川島芳子をモデルにした村松梢風の『男装之麗人』（一九三三年）によってである。[18] 村松自身は、「小説は何処までも小説であつて、事実ではない。事実の匂ひが残つてゐることはむしろ作家として名誉であるとは云はれない。だから読者は、この小説も全部空想と考へて宜しい」と述べたが、それにも関わらず『男装之麗人』によって、軍服を着て男装し、上海や旧満洲で暗躍する日本のスパイ川島芳子のイメージが定着し、彼女が一九四八年三月に国民政府によって漢奸（中国から見た売国奴）として銃殺刑にされる要因となった。

しかし、川島芳子がはじめて断髪・男装したのは、『男装之麗人』が刊行される以前、久作の「死後の恋」が発表されるよりもさらに前の一九二四年一〇月のことであり、大正末年には彼女の男装はすでに有名であった。一例を『神戸新聞』一九二五年一二月一日付で示そう。[19] この記事は、川島芳子が信州の養父川島浪速の許から、鹿児島の実家にいる浪速の妻福子（福子は芳子には冷たかったといわれる）を訪れる途中、列車が神戸を通過した際に、神戸新聞の記者が列車に乗り込んで芳子にインタビューしたものである。

清朝が倒壊してからもう十有七年になる。焔のやうな復讐心に燃えつゝ、徐《おもむろ》に天下の形勢を観察して居た清朝の流を汲む王女で、今は信州浅間の麓に閑居して川島浪速氏の養女となつてゐる芳子嬢は、麻の如く乱れた故国の風雲を見て深く決するところがあるものゝ如く、一度ならず二度までもあらぬ噂の恋の濡衣にスツカリ憤慨し、黒髪あつては故国の乗込みにも都合が悪いと川島氏にも無断で美しい黒髪を惜気なく切つて捨て、男装して名も川島良介と改め、北京乗込みの準備に怠りなかつた。（中略）（十一月三十日午後—引用者）九時六分神戸駅着の列車を訪れると、身に牡丹色のスエーター黒のズボンに黒シヤツといふ扮装、げに絶世の美少年がニツコリ微笑みながら記者を喫煙室に請じ入れた。これぞ噂の高い川島芳子嬢である。嬢は記者の質問に応じていと活発に語る。（中略）「断髪の理由つて?。別にこれといふ程のこともありませんが、色んな恋の噂などを聞かされて大分父にも迷惑をかけたので、一層髪を切つてしまつたらどうかと岩田（愛之助―引用者）さんの言はれるまゝに切つたまでです（後略）」

川島芳子の実兄の憲立によれば、芳子の断髪・男装は、養父の川島浪速が四〇も歳の違う芳子に手をつけようとしつこく追い回したため、「女の姿をしているから追いかけられるんだ。男になってやれ」と男装に踏み切ったという。[20]

川島芳子の男装の理由が憲立によって語られたのは戦後になってからのことであるが、「死後の恋」のアナスタシアには、男装する川島芳子の姿が投影されているといっていいであろう。川島芳子と久作の父杉山茂丸の間に直接の交流があった事実はつかめていないが、茂丸が属した玄洋社の頭山満を芳子が訪ねたことは、頭山邸で二人が一緒に写った写真が残っていることからもうかがえる。[21]そして、「死後の恋」が暗示するように、川島芳子はのちには平服の男装ではなく、カーキ色の日本の将校服まがいの軍服で男装をして大陸で活動し、「死後の恋」のアナスタシアと同じく処刑によるあえない最後を遂げることになるのである。川島芳子の男装に発想を得たと思われる「死後の恋」は、また川島芳子の最後の運命をも、結果的に予告する物語となったのである。

湊谷夢吉「蒼ざめた皇女を視たり」とアナスタシア伝説

『ガロ』の編集者であった高野慎三氏が興した北冬書房から、『夜行』という劇画誌が一九七〇—九〇年代に刊行されていた。湊谷夢吉《みなとやゆめきち》（一九五〇—八八）は、その『夜行』を中心に活動したマンガ家（劇画家）である。寡作な上に、三八歳の若さで病没した湊谷は、生涯に『魔都の群盲』[22]、初期作品集『マルクウ兵器始末』[23]、そして遺作集となった『虹龍異聞』[24]のわずか三冊の作品集を残したのみである。[25]

湊谷夢吉『虹龍異聞』
北冬書房　1988年

宮戸捨吉（作者の湊谷夢吉が寓意されている）という青年を傍観的な観察者として、日本が侵略した時期の一九三〇年代の中国大陸に暗躍する日本の軍人や大陸浪人、中国の革命家、女スパイ、娼婦などの群像を、荒唐無稽な伝奇としての要素も含めて描いた湊谷の作品には、多分に夢野久作の影響も見出せる。そのことは、『虹龍異聞』の帯に記された湊谷自らの手になるコピー文に、「昭和の鵺鳴闇《ぬえなくやみ》に点在する妖しい扉がいま開かれる。カルトな古代史の埒外に展開する捏造漫画。空想か現実かあやかしかドグラ・マグラの分光器」とあることにもうかがえよう。そして湊谷には、久作の「死後の恋」からインスパイアされたと思われる、エカテリンブルクの虐殺から生き延びたアナスタシアを主人公とする「蒼ざめた皇女を視たり」（初出は一九八六年。『虹龍異聞』所収）という作品もある。

湊谷作品については、彼のよき理解者であった尾原和久氏が、[26]歴史や人間を相対化しようとする歴史意識と、豊富な資料的引用の二点を特徴としてあげている。[27]そこでここでは、「蒼ざめた皇女を視たり」に言及する前に、尾原氏の指摘を参照しながら、湊谷作品に共通する特徴を簡単に瞥見してみることにしたい。

湊谷作品における歴史や人間の相対化という視座をめぐって、尾原氏はそれは「通常よく、きわだった特殊状況としてのみ考えられがちな戦争や革命、抑圧の歴史時間を、いったん解体し、そこにおいて流された血の量すらが、まさに日常そのものだとする意識に他ならない」と述べている。氏の指摘することを、湊谷の代表作の一つ「魔都の群盲」（初出は一九八二年。『魔都の群盲』所収）を例として考えてみよう。「魔都の群盲」は、一九三九年の上海を舞台として、杉浦という日本の元軍人が経営する華東海運公司（阿片を扱う一方、日本に協力的な商人や政治家の用心棒をしている。国民政府側からするならば「外国ギャング団」）と蔣介石直結の抗日テロ組織監衣社《らんいしゃ》[28]の抗争に宮戸（宮戸の職業設定は作品により異なるが、ここでは絵描き）が巻き込まれる話である。その背後には、皇道派の残党である杉浦が邪魔になり、監衣社に杉浦一味が日本の暗殺団の先兵であるとの情報をリークして、杉浦一味を潰そうとする日本陸軍の特務機関の謀略がある。

　しかし一見、日中戦争下の上海租界を舞台とした冒険活劇を描いたように見える「魔都の群盲」が本当の主題としたのは、杉浦の手先として働く国木田という元ジャズ・プレーヤー（サックス吹き）の阿片中毒患者の運命と、海花という杉浦に引かれた元娼婦の国木田に対する恋情であろう。その意味で、湊谷は「魔都の群盲」で、戦争そのものではなく、戦争体制下にも人々の日常の人生があることを主題として描いたといえるのである。そして資料的引用でいうならば、「魔都の群盲」は、上海租界を舞台としたジャズメンの物語である斎藤憐の戯曲『上海バンスキング』[29]を資料的に意識したことに間違いはないであろう。

　以上に湊谷作品に共通する特徴を代表作「魔都の群盲」を事例として見たが、次に本節の主題である「蒼ざめた皇女を視たり」に言及することにしたい。湊谷作品における物語のナビゲーターともいえる宮戸は、一九三〇年代の中国・日本だけでなく、時に時空を越えて現れる。「蒼ざめた皇女を視たり」では、宮戸はシベリア出兵の報道班員として、「一九二二年。チェコ軍救援から革命後の東シベリアの赤化防止、さらに居留民保護へと猫の目のように目的が変化した日本軍のシベリア出兵は、三千名の死者を出し、沿海州から全面撤退するを以てここに終結しようとしていた」時期のシベリアに現れる。「ニコライ奇跡師博物館」と記された建物で、ロシアの農夫のようでもあり、あるいは東洋人のようにも見えた白髪の老人から、宮戸は日本語で次のような話を聞かされた。

秋山中尉と山崎大佐はエカテリンブルクからアナスタシア皇女を連れ出して赤軍の包囲を突破し、ユルグエラ市の軍港から戦艦「イワン雷帝号」に乗って北極海に脱出した。実は「イワン雷帝号」は、アメリカのロックテール財団の資金によって建造された、呪力で空に浮かぶ空中戦艦であった（「魔都の群盲」と異なり、「蒼ざめた皇女を視たり」の空中戦艦の設定には、伝奇ＳＦとしての要素がある(30)）。

ロックテール財団の手先であるサイモン大佐は、「ソビエト権力の眼の届かぬ東シベリアに、チッポケな傀儡政府でも作るのかね?。姑息な日本人の考えそうなことだな」と山崎を批判し、空中戦館の進路をアメリカに向けてアナスタシアを米国に亡命させようとした。これに対し、山崎や秋山は皇女を村から連れ出したのは我々だと主張し、皇女を日本に連れて帰ろうとしてサイモン大佐と言い争った。

アナスタシアは、「私はアメリカに亡命するとは、一言もいってはおりません。ここには無理やり連れてこられたのです」と、アメリカにも日本にも亡命することを拒否し、「しかし……、あのままではいずれお命が」と述べる山崎にも、「かまわない！。オリガ……タチアナ達と一緒に、あの時すでになかった命です！」と反論した。

その時、「かわいそうに髪まで切って。あちらこちらとタライ廻しになるうちに、地獄を見ただか……。アナスタシア」と彼女に呼びかけたのが、一九一六年一二月にユスポフ公に殺され、ネヴァ河に屍体を投げ込まれたはずのラスプーチン[31]であった。ラスプーチンは、アナスタシアの胸もとのペンダントを見て驚愕し、そのペンダントはモーゼが出エジプトの折り、サハラ砂漠で大蛇に盗まれた神の試練の水玉で、この水玉を持つ者は、「蒼白き馬に乗る者、汝の名は「死」。黄泉を従え、地の四分の一を支配する権威およびつるぎ（剣）とききん（飢饉）と死と地の獣らとによって人を殺す権威を与えられた者」との古き予言があると語った。すなわち、ラスプーチンによるならば、アナスタシアは人を殺す権威を神から与えられた者ということになるのである。しかし、アナスタシアは「グリゴリー（ラスプーチン―引用者）、昔、宮廷であなたは、人間が救いを得るためには、罪を犯さなければならないと教えてくれましたね……。グリゴリー、それはやはり……、間違っていると思います。（人を殺す罪を犯すことで得る―引用者）苦しみは少ない方が、いいと思います」と述べ、自ら空中戦艦から飛び降りた。

時あたかも、空中戦艦はフィンランドの秘密基地から発進したドイツの戦斗機に襲われ、航空隊出身の秋山は空中戦艦の格納庫にあった迎撃機で発進した。その時、秋山は確かに、落下するアナスタシアが蒼白い炎の竜巻に包まれるのを迎撃機から見た。「空中戦艦はそれからどうなったか知らぬが、皇女には……いつか又めぐり会えるような気がするんじゃ……」と老人は語り終えた（すなわち、この話が本当なら、老人は秋山中尉のなれの果てということになる）。

宮戸は、「対岸に今迫っとるのは、ヴレジェ将軍のパルチザンの精鋭部隊だ。「ほんの数年で胸の中にしまっておくんだな」と建物を後にし、撤退用の汽車に乗り込んだ。そんな話は、人はあの様に老人になれるものではない……。日露混血の居留民らしいが、連れ帰る必要はないだろう。呪術で空を飛ぶ空中戦艦！、モーゼの水玉、ラスプーチン、そして、帝政ロシア最後の皇帝ニコライ二世の四女アナスタシアか。ずい分、欲ばったものだ」というのが、老人の話を聞いての宮戸の感慨であった。

この宮戸の感慨は、「蒼ざめた皇女を視たり」を描き終えての、湊谷自身の「蒼ざめた皇女を視たり」に対する感慨でもあるように思われる。梶井純氏は湊谷の「虹龍異聞」（初出は一九八五年。『虹龍異聞』所収）が急いでコマを動かしているように見えることをめぐって、「バックデータの過剰が、みずからをしてひたすら性急な前のめりの進行にはしらせてしまい、コマの展開においてショートしてしまったのではないだろうか」と指摘している。(32) 三〇頁の短い紙数の中に、日本軍のシベリア出兵、空中戦艦、モーゼの水玉、ラスプーチン、アナスタシアと多くのデータを過剰に投入した「蒼ざめた皇女を視たり」の場合も、梶井氏が「虹龍異聞」で指摘したのと同様のことがいえるであろう。そしてそのことは、作者の分身ともいえる宮戸をして、「ずい分、欲ばったものだ」と述べさせた湊谷自身にも分かっていることであった。

しかし、「蒼ざめた皇女を視たり」の場合は、それらの過剰なデータが、日本にもアメリカにも亡命すること（によって国家利益に利用されること）を拒否し、さらにモーゼの水玉によって人を殺す権威を与えられたことをも拒否して、「苦しみは少ない方がいいと思います」と自死する道を選ぶアナスタシアに収斂することで、うまく纏められている。資料の引用ということでいうならば、落下するアナスタシアが蒼白い炎の竜巻に包まれたのは、『風の谷のナウシカ』における、「その者青き衣をまといて金色の野に降りたつべし」という少女救世主ナウシカをめぐる古き予言[33]を意識したものと考えていいであろう。すなわち、多岐にわたる「蒼ざめた皇女を視たり」のテーマをあえて乱暴に纏めるならば、夢野久作の「死後の恋」に刺激を受けて男装するアナスタシアを描き、それを風の谷のナウシカと重ね合わせることに湊谷の企図があったといえるのである。

それにしても、湊谷はなぜアナスタシアやラスプーチンに興味を抱いたのであろうか。若いときには八ヶ岳コミューン、三里塚を経て全国各地を放浪し、北海道に渡った湊谷は、権藤晋によると「ぼくはひょっとすると、日本人ではないのかもしれんのですよ。骨格とか皮膚の色から判断してロシア系ではないかと。祖先が新潟の出ですから、何世代か前に大陸から漂流して来たのか、それとも亡命ロシア人ということも考えられないではない」と語ったことがあるという。[34] そのような湊谷のコスモポリタンな性格が、「蒼ざめた皇女を視たり」という異形の作品を生んだともいえるのである。

注

（1）ジェイムズ・B・ラヴェル『アナスタシア―消えた皇女―』広瀬順弘訳、角川書店、一九九二年は、アンナ・アンダーソンを本物のアナスタシア皇女とする立場からの最も纏まった研究であるが、客観的な立場からの著作としては、アンソニー・サマーズ、トム・マンゴールド『ロマノフ家の最期』高橋正訳、中公文庫、一九八七年、が包括的である。

（2）渡辺啓助『鮮血洋燈』講談社、一九五六年。ニコライ二世の皇女を主題とした著作は、実録ものと脚色を問わず四女アナスタシアに関するものが圧倒的に多いが（それは、アンナ・アンダーソンが出現したことによって、「生き延びた皇女アナスタシア」をめぐる真贋論争が起きたことからも当然であろう）、こうした中で『鮮血洋燈』は次女タチアナに焦点を当てて脚色した探偵小説であることが異色である。

（3）島田荘司『ロシア幽霊軍艦事件』原書房、二〇〇一年。島田氏のミステリーは資料的にはほぼラヴェルの『アナスタシア―消えた皇女―』に依拠している。『ロシア幽霊軍艦事件』に登場するアナスタシア研究家のジェレミー・クラヴェルはジェイムズ・ラヴェルの名を捩《もじ》ったものである。
(4)『夢野久作全集』1、三一書房、一九六九年、所収。
(5) 平岡正明「夢野久作―名づけようのない作家」『地獄系24 平岡正明評論集』芳賀書店、一九七〇年。
(6) 杉山龍丸編『夢野久作の日記』葦書房、一九七六年。
(7) アンソニー・サマーズ、トム・マンゴールド『ロマノフ家の最期』高橋正訳、(前掲)、二四二―二四三頁。
(8) ジェイムズ・B・ラヴェル『アナスタシア―消えた皇女―』広瀬順弘訳、(前掲)、一二四―一二七頁。
(9)『夢野久作全集』6氷の涯 死後の恋 人間腸詰、ちくま文庫、一九九二年、「解題」(西原和海執筆)。
(10) 杉山茂丸『百魔』大日本雄弁会、一九二六年。同『百魔 続篇』大日本雄弁会、一九二六年。平岡正明『西郷隆盛における永久革命 あねさん待ちまちルサンチマン』新人物往来社、一九七三年。
(11) 杉山龍丸『わが父・夢野久作』三一書房、一九七六年、一七八頁。ただし、杉山龍丸のいう「台華社の関係者」とは、久作に「氷の涯」「支那米の袋」の素材を提供した庄林某を指す可能性が高い。
(12)『夢野久作全集』2、三一書房、一九六九年、所収。

(13)『夢野久作全集』5、三一書房、一九六九年、所収。
(14)『夢野久作全集』2（前掲・三一書房版）、所収。
(15)『夢野久作全集』2（前掲・三一書房版）、解説対談「意識の深淵をのぞかせる星雲的存在」（渡辺啓助・谷川健一。引用部分は谷川の発言）。
(16)夢野久作『犬神博士』角川文庫、一九七四年、「解説」（松田修執筆）。
(17)川島芳子の伝記は少なくないが、代表的なものとして、渡辺龍策『秘録川島芳子　その生涯の真相と謎』番町書房、一九七二年。上坂冬子『男装の麗人・川島芳子伝』文春文庫、一九八八年。
(18)村松梢風『男装之麗人』中央公論社、一九三三年。
(19)『神戸新聞』は兵庫県立図書館（明石市）架蔵のマイクロフィルムによる。
(20)渡辺龍策『秘録川島芳子　その生涯の真相と謎』（前掲）、七三―七六頁。
(21)上坂冬子『男装の麗人・川島芳子伝』（前掲）、巻頭グラビア頁に写真掲載。
(22)湊谷夢吉『魔都の群盲』北冬書房、一九八四年。
(23)湊谷夢吉『マルクウ兵器始末　初期劇画作品集』北冬書房、一九八六年。
(24)湊谷夢吉『虹龍異聞』北冬書房、一九八八年。
(25)『夜行』16、北冬書房、一九八九年三月、が「湊谷夢吉追悼」を特集している。なお、湊谷夢吉は広く知られたマンガ家ではないが、カルト的な人気を有し、北冬書房版以降も、アスペクトとチクマ秀版社から二回にわたって作品集が刊行されている（収録作品は、北冬書房版の三冊に収録された以外のものはない)。湊谷夢吉『虹龍異聞　湊谷夢吉作品集Ⅰ』アスペクト、一九九七年。同『魔都の群盲　湊谷夢吉作品集Ⅱ』アスペクト、一九九七年。同『ブリキの蚕　湊谷夢吉作品集Ⅲ』アスペクト、一九九七年。同『レジェンド　第1集　大陸冒険譚集』チクマ秀版社、二〇〇五年。同『レジェンド　第2集　大陸伝奇SF冒険譚集』チクマ秀版社、二〇〇五年。

(26) 尾原和久「YUMEKICHI SPIRITUAL MIND」『夜行』16、(前掲)。尾原和久は湊谷がいくつかの作品を発表した『エロトピアデラックス』の編集者。

(27) 湊谷が作品の歴史的背景や作中に描かれたメカをめぐる厖大な資料を蒐集してマンガを描いたことは、秋野すすき(湊谷作品の版元である北冬書房主高野慎三氏の妻高野真美子)もエッセイ風の四コママンガの中で証言している。秋野すすき『晴れときどきミステリー』北冬書房、二〇〇五年、「湊谷夢吉物語」。

(28) 監(藍)衣社については、渡辺龍策『秘録川島芳子　その生涯の真相と謎』に次のように説明されている。「(中国国民政府の——引用者)軍統局は、正しくいえば軍事委員会調査統計局、俗に藍衣社といわれた諜報機関である。たんに諜報のみならず、秘密警察と憲兵本部のような仕事も兼ね、蔣介石の国民政府内では最強力の機関であった。局長の戴笠《たいりゅう》は、その名をきけば泣く子もだまる、といわれる実力者で、蔣介石も一目おいていた」(一八三—一八四頁)。

(29) 斎藤憐『上海バンスキング』而立書房、一九八〇年。

(30) アナスタシアを日本に連れてきて箱根の芦ノ湖に着いたロシアの軍艦が(海に繋がっていな

い湖に軍艦が入港できるはずがない）、実は飛行艇であったというのが島田荘司の『ロシア幽霊軍艦事件』におけるトリックであるが、同様の発想は島田に先立ち、すでに湊谷夢吉が行っていることがわかる。

（31）マッシモ・グリッランディ『怪僧ラスプーチン』米川良夫訳、中公文庫、一九八九年（同書の訳者米川良夫氏は、「訳者あとがき」で、（偽？）アナスタシアの奇跡的な生還の「物語」がロシア革命の後日譚をなすのに対して、ラスプーチンをめぐるエピソードはロシア革命を準備した前史の一章であると述べ、二人のエピソードを対比している）。澁澤龍彦『妖人奇人館』河出文庫、一九八四年。

（32）梶井純「われもまた異国びと……」湊谷夢吉『紅龍異聞』（前掲・北冬書房版）、「解説」。

（33）宮崎駿『風の谷のナウシカ』2、徳間書店（アニメージュコミックス・ワイド判）、二〇〇八年、九九刷。宮崎駿監督作品『風の谷のナウシカ』徳間書店（ＶＨＳ）、一九八四年。

（34）権藤晋『ガロを築いた人々　マンガ30年私史』ほるぷ出版、一九九三年、「湊谷夢吉」。権藤晋は高野慎三氏のペンネーム。

「国体」の起源――坂口安吾『道鏡』の女帝論

野村幸一郎

はじめに

坂口安吾に『道鏡』という不思議な作品がある。なにがどう不思議なのかというと、そもそもタイトルが『道鏡』であるにもかかわらず、肝心の道鏡が脇に追いやられ、安吾の関心が主に称徳天皇（重祚の前は孝謙天皇、以下、「称徳」で呼称を統一する）に向けられているのだ。このこと自体は安吾も自覚していたようで、単行本に作品を収録した際の「あとがき」には、「道鏡という題名はよくなかった。この小説の主人公はむしろ孝謙天皇だ。三人の女主人に維持された天皇家という家族政府の独自な性格、家をまもるに鬼の如くに執念深い女主人の意志によって育てられ、その意志の精霊の如くに結実した聖武天皇とその皇后と、そして更にそこから生まれた孝謙天皇。私にとってこの小説を書かしめる魅力となった最大なものは、この女帝だ」(『道鏡』後記、八雲書店、昭和二二・一〇)と記されている。『道鏡』は、昭和二二年一月、雑誌『改造』に発表されている。ということは、昭和二一年の秋から年末にかけて、構想され執筆されたと推測することができるわけだが、この時期、国会では皇室典範の改正をめぐって審議が行われつつあった。

新憲法の発布に合わせて、政府の内部で皇室典範改正の作業が始まったのは昭和二一年七月。原案が固まり、審議が始まったのは、昭和二一年一二月五日(安吾の『道鏡』発表はその翌月)である。審議の冒頭で時の首相であった吉田茂は、いくつかをのぞいて、おおむね現行の(つまり、戦前の)皇室典範を踏襲したものとなっていると説明している。

それに対して質問に立ったのは、日本進歩党の吉田安である。質問の最大の要点を一言で説明すれば、新憲法との整合性にあったと言ってよいだろう。(1)皇室は国民に範を示す存在であるはずなのに、男女平等の原則をまず皇室が破るのはおかしいではないか、(2)憲法第二条「皇位は世襲」を男系男子のみに限定するのは、新憲法一四条に記された男女平等の原則に反するではないか、(3)天皇と親等が離れた男子が皇位を継ぐより、内親王が継いだ方が自然ではないか、(4)過去に八人も女帝がいたではないか。吉田安の議論の質問を整理すると、このようになる。

それに対する政府側の答弁は、（1）過去の女帝は変則的な例外であり、一貫して男系主義による世襲が行われてきている、（2）皇位を世襲と定めた時点で、すでに皇室は憲法一四条の例外として位置づけられており、女帝の問題のみをとりあげて憲法違反云々を議論するのはおかしい、というものであった（高橋紘・所功『皇位継承』文春新書、平成一〇・一〇）。天皇家の問題については憲法の例外事項と定め、伝統や歴史的慣習に従うというのが皇室典範の精神である、というのが政府の立場であったわけである。

むろん、審議の詳しい事情を安吾が知っていたとは思われないが、たとえば、昭和二一年一二月六日の朝日新聞には、女帝をめぐる国会審議について記事が紹介されている。この記事には、第一次吉田内閣で国務大臣を勤めた金森徳次郎の女帝をめぐる答弁が、「今までに女帝は十代あり人数では八名はあつたがみな特殊事情によつたものであつた、両性平等を認めることも考えられるが、女系を認めると継承に行詰ができると思う、これは理屈でなく直感である、現行では、やむをえない」というものであったと伝えられている。

安吾の関心が称徳天皇に向かったのも（そして、結果的に『道鏡』というタイトルを裏切る内容になってしまったのも）、以上のような作品を取り巻く社会状況と無縁ではない。国会審議や社会的関心に同調する形で安吾の関心も女帝の問題に向かい、結果、『道鏡』では称徳帝に紙面の多くが割かれることになったというのが、私の考えである。そして、安吾の『道鏡』を皇室典範改正の議論の横に並べてみると、その立ち位置が旧皇室典範を継承しようとする側でもなく、新憲法の下に皇室を置こうとする側でもないような、いわば第三の極として女帝の議論を展開している事実に、私たちは気がつくことになる。

女帝の肖像

安吾は『道鏡』において、歴史上に記録として残る女帝たちについて、それぞれ自分の見解を記している。まず推古天皇であるが、安吾の歴史認識によれば、「皇室というものが実際に日本全土の支配者としてその実権を掌握するに至ったのは、大化の改新」においてである。それ以前の天皇に関しては、その権威性ついいて疑いを抱いている。今日連想される天皇のイメージとはかなりかけ離れたものであったと、安吾は推理しているようであり、したがって推古帝についいては言及そのものの必要性を認めていない。

最初に安吾が言及するのは皇極天皇（重祚の際の斉明天皇）であるが、この帝もまた安吾に言わせれば、厳密な意味での女帝ではない。当時、皇太子の位置にあった中大兄皇子は、天皇家の日本支配を実現するために、自らの意志によって皇太子にとどまっていたと安吾は見る。中大兄皇子は「神格的な天皇というものを自分の一段上に設定」し、自分の号令を天皇の名において発令し、自分自身がその号令に最初に服して見せ、万民にも服せしめた。つまり、安吾に言わせれば、中大兄皇子にとって天皇はただのロボットにすぎず、したがって、天皇が女性であろうが男性であろうがロボットとしての役割を果たしさえすればよかった、ということになる。

安吾が最初の女帝と位置づけるのは持統天皇である。息子である草壁皇子が薨じ、孫に当たる珂瑠皇子が幼かったので即位したこの女帝について、安吾は次のように語っている。

私は一人の強烈沈静なる女の意志を考える。その女は一人の孫の成人を待っていた。（中略）その孫が大八島しらす天皇、現御神たる成人の日を夢みていた。その家づきの宿命の虫の如き執拗さをもって、夢み、祈り、そして、育てていたのだ。人はすべて子孫の繁栄を祈るものであるかも知れぬが、別して強烈沈着なる女は、現実的、肉体的な繁栄や威風をもとめてやまないものである。北條政子と同じ意志がここにある。

この言葉の興味深い点は、孫が天皇になることを夢見て、中継ぎとして即位した持統天皇の姿に、安吾が女の本能のようなものを見ようとしている点にある。「人はすべて子孫の繁栄を祈るものであるかも知れぬが、別して女は、別して強烈沈着なる女は」という言葉には、強烈沈着な男に欠けている何かが女という性には備わっており、だから、男以上に家や子孫の繁栄を祈り身を捧げようとする、という語調が込められている。

実際、『道鏡』には、女帝たちとは対照的な存在として、藤原一門の貴族たちが登場している。藤原氏の男たちはみな「個人主義者であり利己主義者であった」、「彼等は一族の名に於て団結したが」それも共通の敵を倒すために過ぎず、彼らは己の利益と栄達にしか関心がなかったと、作品には記されている。一族の繁栄を願うふりをしながら、その実、自らの栄誉栄華にしか関心がない藤原家の男たちと自らの人生をすべて子や孫、家の繁栄に捧げようとする持統帝ら女帝たちの姿が、『道鏡』では対照的に描かれている。言い換えるならば、男と比べて女は、家や子、子孫に対する執着や愛着において勝る本能を内包しているという、性をめぐる非対称性を認識論的布置として、安吾が女帝の問題に言及していることが、ここから分かってくる。

さらに、『道鏡』において安吾は、「文武を育てる持統の意志は、聖武を育てる元明、元正両帝の意志の原形であり、全く変りはなかった」と、聖武天皇に皇位を継がせるための中継ぎの役割を果たした二人の女帝（元明・元正）もまた、持統天皇と同じ役割を果たしたと指摘している。天武天皇まで天皇家はお家騒動の連続であったが、持統より聖武に至るまでの間に「家」（天皇家のこと）は安定し、「女帝達の意志のうちに、日本の政治、日本の支配、いわば天皇家の勢力は遅滞なく進行した」、大宝、養老律令がつくられ、古事記や風土記、書紀が編纂され、奈良の遷都も行われ、貨幣も鋳造された。

二人の幼帝の成人を待つ三人の女帝は、「ひたすら家名の虫の如き執拗な意志を伝承していた」。そして、その意志は男の家長よりも堅固なものであった。なぜなら「彼女等の自由意志は幼帝を育てるという事柄のうちに没入し」ていたからである。「女達がその自由意志、欲情を抑え、自ら一人の犠牲者に甘んじて一つの目的に没頭するとき、如何なる男も彼女等以上に周到な才気と公平な観察を発揮することはできない」。その才気をして女帝達は、天皇家による覇権の礎を築いていったと、安吾は論じている。

皇室典範改正と男系天皇

以上のような安吾の女帝論を検討していくにあたって、ここでふたたび、作品が執筆されたのと同じ時期、国会で議論されていた皇室典範改正の審議に眼を転じてみたい。

戦後における皇室典範改正の議論は、憲法改正論議が政府や国会、ジャーナリズムの議論の俎上に登るのと、時期としてほぼ重なっている。というよりも正確には、憲法を改正する以上は、「国体」を変更せざるをえず（天皇の明治憲法において定められた位置と同じであるはずはなく）、したがって皇室典範も改正の対象になるはずだというのが、政党やジャーナリズムの前提であった。

ところが、昭和二一年七月一九日の憲法委員会で委員長の芦田均は「皇位継承の資格者に女子を加へることは、このさい考慮していない」と、女帝容認論を退けるコメントを出している。皇室典範の改正は行わず現行のまま行くという路線が、新憲法の策定過程の段階で既に既定のものになっていたわけである。

というよりも、そもそも吉田内閣は公式には憲法改正を「国体」の変更とは認めていなかった。「国体」とは、人々の心の奥底に根づいた天皇への憧れにおいて国民がつながり統合しその上に国家が存在する、この国のありようである。「象徴」になったところで、憧れの中心としての天皇の位置そのものは何も変わらない、したがって「国体」の変更もない、というのが、公式の政府見解であった（『朝日新聞』昭和二一・七・二）。憲法改正の主旨は、国体の変更にあるのではなく、「現行憲法におけるがごとく、広汎な大権事項を規定することは、かへつて、政府その他の権力者が、誤つた理念に動かされて、天皇の御名義にかくれ、民意を歪曲し、国政を専断」するからであるというのが、時の首相、吉田茂の説明である（『朝日新聞』昭和二一・六・二六）。

となれば、当然のことながら、中味はどうであれ戦後においても「国体」は護持されたわけだから、当然のことながらその論理的帰結として（文言はともかく、その精神においては）皇室典範改正も立ち消えとなる。つまり、女帝論議が成立するための前提そのものが、政府見解によって打ち消された格好になったわけである。

今日から見れば、この顚末は、明治初期、伊藤博文や井上毅によって確立された皇室観念が、戦後も継承される格好になったことを意味する。

明治一〇年代から二〇年代にかけて行われた皇室典範編纂の作業過程については、遠山茂樹『天皇と華族』解説（岩波書店、一九八八・五）に整理がなされている。もともと明治一九年に作成された皇室制規では、皇族中の男子がすべて絶えたときに限って女帝が認められていたのだが、井上毅がこれに猛烈に反対し、伊藤博文に「謹具意見」を提出、これが採用され結果的に皇室典範では、女帝否認論の立場が採用されることになった。井上の「謹具意見」は、島田三郎ら自由民権論者の女帝反対論を引用・紹介する形で、皇室制規の変更を迫る内容となっている。皇室制規の次に作成された帝室典則においては女性の皇位継承規定は削られ、以降、皇室法典、皇室典範と書き換えられつつも、女帝容認論が復活することはなかった。

さて、その島田が女帝否認論に立った理由は二つある。まず第一は皇室の伝統である。皇室は男系で世襲されており、歴史上登場する女帝は男系の皇統を守るための中継ぎに過ぎず、例外的な事例に過ぎなかった。このような歴史認識の上に立って、女帝を認めた場合、男系世襲という万世一系の伝統が否定されてしまうというわけである。そして第二の理由は、日本の精神的風土として男尊女卑の傾向があり、女帝を容認した場合、皇室そのものが失墜する恐れがあるというものであった。

このような島田の主張は、井上毅を経由して政府内部に流れ込み、結果的に、皇室典範においても女帝否認論の立場がとられることになった。実際、伊藤博文によって編纂された『皇室典範義解』（国家学会、明治二二・四）には、「推古天皇以来皇后皇女即位ノ例ナキニ非サルモ当時ノ事情ヲ推原スルニ一時国ニ当リ幼帝ノ歳長スルヲ待チテ位ヲ伝ヘタマハムトスルノ権宜ニ外ナラス」と記されている。先ほど紹介した金森徳次郎の「今までに女帝は十代あり人数では八名はあつたがみな特殊事情によつたものであつた」という答弁も、島田三郎・井上毅・伊藤博文の女帝否認論をそのまま踏襲したものとなっているわけである。そして新憲法下にあっても女帝の容認は、国体の権威性をいちじるしく傷つけるような性差の越境として観念されていたのである。

さて、このような政府見解と安吾の議論を比べてみた場合、女帝たちが中継ぎの役割を果たしたと見なしている点では一致しているものの、その果たした役割の中味に関して両者の間に大きな隔たりがあることが分かってくる。島田の議論にあっても伊藤の議論にあっても、前提となっているのは、日本の統治者としての皇室なり皇統なりの存在である。その絶対の意志によって、皇胤に当たるある女性が、彼女自身の願望や主体を離れて皇位の空白を埋めるために天皇になった。伊藤や島田の認識はこのようなものであり、したがって彼女らが歴史上、積極的な役割を果たした記述は一切見られない。

一方、安吾の場合、むしろ女帝達が望んで中継ぎの役割を果たそうとしたと語られている。その理由として安吾は、男という性には備わっていない子孫や家の繁栄を切望する本能が、女という性には備わっているからだと語っている。そして、その本能が天皇家という家を安寧たらしめた、すなわち天皇家が日本の統治者としての地歩を固めるエネルギーへの転化されていったというのである。天皇家を日本の主たらしめ、真に天皇家たらしめていったのは、女帝たちの「家の虫のごとき執拗な意志」のなせる技であった。日本の統治者としての天皇家の存在を自明視する公の歴史観を認識論的転倒として退け、その形成過程の中に女帝たちを置いてみて、歴史的役割を点検しようとする安吾の姿勢が、ここには見え隠れしている。

『道鏡』執筆を通じて、安吾が獲得した歴史認識とは、天皇家を中心とする日本という目に見えない共同体が立ち上がってくる始原の姿そのものであった。男系のみを皇胤とみとめる皇室典範、あるいは天皇制の皇位継承そのものが、女たちの「家の虫のごとき執拗な意志」を隠蔽した上で成立している。言い換えるならば、人間の本能や肉体、性と遊離したものとなっている。安吾に言わせれば、日本という共同体成立の始原とは、個人の栄耀栄華にのみ関心が向かう男との非対称性を形成する女たちの本能、それに基づいて天皇家を確立した女帝たちの意志であった。とするならば、皇位をめぐる性差の越境とは、天皇制を本来の姿にもどすものとして容認されなければならない。

称徳帝の愛欲

さて『道鏡』は、これまで述べてきたような女帝をめぐる安吾の歴史認識を前提として、さらに、この作品の主人公である称徳天皇に主題が移っていく構造になっている。

同じテーマを扱った『道鏡童子』（『オール讀物』昭和二七・二）に、「道鏡事件といえども、要するに失敗ではなかったのだ。彼女がこの件に至った原因の最も大きく主要なものは『この女神に子供が生れなかった』という自然現象の類いによるのである」と記されているように、他の女帝と称徳天皇の最大の違いは、皇位を継承するべき子や孫に称徳帝は恵まれなかった点にあると安吾は見ている。逆から言えば、もし称徳帝が「自分自身の太陽の子」を産んでいたなら、道鏡事件も起こらず、さらにはこの国に女系天皇が成立したということになる。

それはともかく、安吾が描きだした称徳帝の肖像から、まずは確認していくことにしよう。称徳天皇について、安吾は作品中で「この女帝ほど壮大な不具者はいなかった」と評している。なぜならば、生まれながらにして現人神として育てられた彼女は、「女としての心情が当然もとむべき男に就いて」、つまり結婚や恋愛について、まったく教えられていなかったからである。そして、称徳天皇は上皇や母太后の死をきっかけとして、女であることに覚醒することになった。安吾に言わせれば、そんな女帝は「魂の気品の規格は最高であったが、その肉体の思考は、肉体自体にこもる心情は、山だしの女中よりも素朴であった」。四〇歳近くなってから、側近に侍るというだけの理由で、大納言、恵美押勝に恋をし、「貨幣鋳造、税物の取り立てに、恵美家の私印を勝手に使用してよろしいという恋も政治も区別のない出鱈目な許可を与えたのである」。

しかし、退位し上皇となった時、称徳の内に眠っていた「宿命の血」がやがて覚醒し始める。肉体は淫蕩であったが、家を守ろうとする「盲目的な宿命の目」でまわりを見渡した時、新帝は彼女のものでも国のものでもなく、恵美押勝のものであったことに気づくのである。そして、称徳天皇は最終的に恵美押勝を見限り、道鏡に思いを馳せることになる。

ところで、『道鏡』に素材を提供した書の一つとして、喜田貞吉「道鏡皇胤論」(『歴林』六ノ四)がある。「物部大臣の娘の一人が、天智天皇の御子施基皇子に嫁して、道鏡が生れたのだろうというのは喜田博士の説であるが、私もそのへんが手ごろの説だろうと思う」(前掲「道鏡童子」)と安吾自身述べているように、安吾もまた道鏡が天智帝の皇胤であるとする立場に立っている。その上で、称徳は道鏡に出会うことによって、内に潜む「家の虫」との対立や葛藤を経ることなく、淫蕩の情を思う存分発揮することができたと推測する。「彼は天智の皇孫だった。臣下ではなく、王だった。それを思うと、すでに神に許された如く、彼女の女の肉体はいつも身ぶるいするのであった」、「女帝は道鏡が皇孫であり、ただの臣下ではないことを、そのしるしを、天下に明にしたかった。そして二人の愛情の関係自体も。皇孫だから。そして、愛人なのだから」、これらの言葉からは淫蕩の情に身をゆだねることが同時に天皇家を守ることにもつながる道鏡との出会いを心から喜ぶ称徳帝の肖像が、浮かび上がってくる。

そして、宇佐八幡宮神託をめぐる一連の事件に話題が移っていくわけだが、安吾はこの事件の解釈についても、喜田貞吉ら歴史学者の解釈を参考にしているようである。

まずは事件のあらましから確認しておくことにしよう。景雲三（七六九）年、太宰主中臣習宜阿曾麻呂が「道鏡を天位につかしめば天下太平ならん」という宇佐八幡宮の神託を奏上。それを知った称徳天皇が真偽を確かめるため、宇佐八幡宮に和気清麻呂を遣わした。すると、当初の神託とはまったく反対の「我が国家開闢より以来、君臣定まりぬ。臣を以て君と為すことは、未だ有らず。天之日嗣は、必ず皇緒を立てよ。無道之人は宜しく早く掃除すべし」という神教を称徳天皇に奏上した、というものである。結果、臣下の身でありながら帝位を望んだ道鏡の野望は挫かれたというのが、戦前の歴史解釈であった。

よく知られているように、この逸話は国民教化の材料として国定教科書に繰り返し取り上げられてきた。たとえば、『新体国史教科書教授参考資料』（三省堂、昭和七・四）には、「清麻呂の如く大節に当って毅然たる忠烈の志を有し、然も平生綿密で民部省の如き算数を主とする事務に通暁したのは、国史上稀に見る人物といふべきである」と語られている。平生にあっては国家の礎としてその義務に専念し、大事を前にしては揺るがぬ忠義心をもって天皇に仕える英雄として和気清麻呂はイメージされ、模範的な国民の姿として国民に教化されていったわけである。

また、先ほど言及した伊藤博文編纂『皇室典範義解』でも、「祖宗ノ皇統トハ一系ノ正統ヲ承クル皇胤ヲ謂フ而シテ和気清麻呂ノ所謂皇緒ナル者ト其ノ解義ヲ同クスル者ナリ」と記されている。和気清麻呂は戦前の歴史観にあって、天皇家における万世一系の伝統をその忠誠心によって守り抜き、断絶の危機から救った英雄とみなされていたわけである。

ところが、もう一方で、このような歴史認識については戦前より歴史学の側から繰り返し疑問が投げかけられていた。もっとも早い時期のものとしては、田口鼎軒の「孝謙天皇」（『史海』明治二五・一、一二）がある。同書において鼎軒は「百川の如きは或ひは清麿の隠然たる煽動者たりしも知るべからざるなり」と述べ、さらに「清麿決して虚辞を述ぶるものにあらず、然りと雖も独り道鏡の事に至りては余は深く続記（筆者注、道鏡事件が記された公式の史書である「続日本紀」を指す）を信ずるを得ず」と主張している（引用は『明治文学全集』14）。

藤原百川による政治的陰謀と解釈する意見は、久米邦武によって「余は田口氏の其作者を藤原百川といはれし卓見に敬服したり」と支持され（『史海』明治二五・五、引用は『久米邦武歴史著作集』第二巻）、最終的には、先ほど言及した喜田貞吉の「道鏡皇胤論」にもこの仮説は流れ込んでいる。喜田貞吉は道鏡を光仁天皇の弟、天智天皇の孫と見なしているから喜田に言わせれば、そもそも道鏡の即位をもって天皇家における万世一系のありようが損なわれるはずはなかった。「道鏡の暴虐は、憂国の人々のとうてい看過しかねたところ」であり、「策略家の百川のごときは」「ひそかにこれを排斥の計を廻らし、道鏡が調子に乗り過ぎているのに乗じて、皇位覬覦の野心を起こさしめ、その理由をもってこれを陥れんとした」、「しかるに計策甘く行われず、危く馬脚を露わしかけたので、早く清麻呂らに全責任を負わせて、これを処分した」というのが、喜田の分析である（引用は、『喜田貞吉著作集』3）。

一方、安吾は『道鏡』において、宇佐八幡宮神託をめぐる経過を次のように説明している。「法王という意外きわまる人爵の出現に、百川の策は天啓の暗示を受けた。それは道鏡に天皇をのぞむ野望を起させ、そのとき、それを叩きつぶすことによって、一挙に彼を失脚せしめる芝居であった」、しかし「清麻呂は芝居をやりすぎた」、「すでにカラクリの骨組は女帝に看破せられたことを百川は悟らずにはいられなかった」、「寸刻の猶予もできなかった。ただちに清麻呂に因果をふくめ、神教偽作のカラクリ全部を一身に背負う手筈をきめる」、「さもなければ、カラクリが全部ばれるから」。これが安吾が推理した事の顚末である。比べてみれば明らかなように、神託は道鏡を陥れるための罠であったこと、その首謀者が藤原百川であったこと、そして和気清麻呂はただの狂言回しに過ぎなかったこと、この三点において安吾の解釈と喜田貞吉のそれはほぼ一致しており、道鏡皇胤説だけでなく宇佐八幡宮の神託をめぐる事件に関しても、安吾が喜田の学説を下敷きにしていることはまず間違いない。

「万世一系」の深淵へ

安吾の歴史解釈との最大の相違点は、喜田の論考においては、称徳と道鏡の関係についてほとんど言及が見られない点（論文中、言及が見られるのは「道鏡の暴虐は、ことごとく天皇の御意志となって現われるのである」という一文だけである）、そして、喜田が事件の根本的な原因を「時勢を見るに明なく、暴慢その極に達した道鏡」の人柄に求めている点にある。

一方、安吾は、道鏡と称徳の関係、あるいは道鏡や称徳の人間像について、文学者としての人間認識に基づいた欲望や心情のドラマとして再構築を試みている。史実という「実」の間隙に、内面の劇という「虚」をすべり込ませていると言ってもよい。

女帝は道鏡が気の毒だった。いたわしかった。そして、いとしくて、切なかった。どこの家でも、女は男につき従っているではないか。なぜ、自分だけ。なぜ道鏡が天皇であってはいけないのか。女帝は決意した。宇佐八幡の神教が事実なら、そして、勅使がその神教を復奏したなら、甘んじて彼に天皇を譲ろう、と。（中略）女帝はその決意によって、幸福であった。愛する男を正しい男の位置に置き、そして、自分も、始《ママ》めて正しい女の姿になることができるのだ、と考えた。

安吾が再構築した宇佐八幡宮神託事件にあって、「単純な魂、高貴な魂」の持ち主であった道鏡は、天皇を望む野心を夢見たことすらなかった。道鏡が皇位を嗣ぐことを望んだのは、むしろ称徳天皇である。しかも、その願望は自らが道鏡の女として、あるいは妻として正しい位置に身を置きたいという本能なり愛情、情動に根を持っていた。

ここから浮かび上がってくるのは、女帝の可否をめぐって社会的関心が高まる中、新憲法の枠内に皇室を位置づけるか、有史以来の伝統・慣習に従うかという対立図式を離れ、日本のありようを再検討しようとする安吾の姿である。人間の普遍的な実存的本質とはいかなるものかという視点から、文学者として女帝の問題に向かっていくことで、安吾は万世一系という日本文化あるいは日本民族が内包するきわめて本質的な問題の深淵を、のぞき込もうとしている。

『道鏡』冒頭で安吾は、「平安朝に於ては」「男女の心情の交換や、愛憎が自由であり、愛欲がその本能から情操へと高められ遊ばれ、生活されていた」、「人間の本然の姿がもとめられ、開発せられ、生活せられていた」と語っている。もはや明らかなとおり、安吾にとってその代表的な存在が平安期の女帝たち、とりわけ称徳天皇であった。

女帝の女体は淫蕩だった。そして始《ママ》めて女体を知った道鏡の肉欲も淫縦だった。二人は遊びに飽きなかった。けれども凛冽な魂の気迫と気品の高雅が、いつも道鏡をびっくりさせた。それは夜の閨房の女帝と、昼の女帝の、まったく二つのつながりのない別な姿が彼の目を打つ幻覚だった。夜の女帝は肉体だったが、昼の女帝は香気を放つ塊だった。

このように作品では称徳天皇が、まったくかけ離れた二つの性格を併せ持った存在として描き出されている。昼の顔、すなわち万人を前にする天皇としての称徳天皇は、「偉大にして可憐にして絶対なる一つの気品」を備えていた。一方、夜にあっては「あらゆる慎しみ、あらゆる品格、あらゆる悔い」とは無縁な淫蕩な肉体として、道鏡の前に投げ出されていた。前者が天皇の神格化を可能ならしめ、その権威性の母胎を形成する属性であるとするならば、後者は人間としての実存的本質を寓意している。

そして安吾に言わせれば、天皇家をこの国の主たらしめた原動力は、前者ではなく後者、とりわけ女たちの本能・性に内蔵されていた。人間の思考は、肉体というやっかいな存在に引きずられざるをえないが、加えて、女には『家』をまもる動物的な本能」が備わっている。また、「家名とか、家にそなわる家風とかを甚だしく希求する動物」（前掲「道鏡童子」）でもある。「日本に中央政府と称するに足るものがつくられたのは」、そのような女の本能のなせる技であった。そして、その本能が、称徳天皇をして恵美押勝を見限らしめ、道鏡へと向かわしめたのである。

学問的に妥当かどうかという立場を離れて、このような安吾の主観に寄り添う形で女帝をめぐる議論を眺めるならば、旧皇室典範の踏襲を方針とする政府も、新憲法の枠内に皇室を位置づけようとする革新勢力も、ともに皮相な議論に終始していたということになってくる。逆から言うならば、人間とは何か、その延長上に浮かび上がってくる日本とは、日本文化とはいかなる構造を本質的に内包しているのかという視点から、安吾は女帝の問題に切り込んでいるとも言える。

女帝といえども人間であり、淫蕩の情もあれば、子や孫、家を守ろうとする性・本能もある。そのような普遍的な実存的本質を認識論的布置とした場合、そこに浮かび上がってくる女帝たちの肖像とは、家を守る本能に従った結果、天皇家を中心とした共同体の礎をこの国に築いていった女たちの姿であり、淫蕩の情と家を守る本能の融合を志向する姿であった。

安吾の言う肉体の思考は、人権や民主主義という政治的スローガンとはあきらかに一線を画している。加えて、古来の伝統にしたがい、男系嫡子を皇位継承の筆頭に置いたとする政府の皇室観・日本文化観とも一線を画するものになっている。安吾は女帝たちの姿を指して「我々がここに見出すのは、政府でなく、家であり、そして、家の意志である」と指摘しているが、この考え方を敷衍していけば、必然的に、家父長に基づく近代天皇制、あるいは国家そのものを、〈自然〉の側から〈人為〉の側へと、「創られた伝統」（ホブズボウム）の側へと放逐する思考へと行き着く。人間の実存的本質と分かちがたく結びついた共同体の始原の姿は、「国家」としてでなく、「家」としてである。

言うまでもないことだが、安吾は実は万世一系の伝統の枠内にあったという理由で、称徳天皇や道鏡を再評価しようとしているのではない。そのような論考は戦前の段階において、すでに田口鼎軒や喜田貞吉によって提出されている。安吾のねらいは、万世一系という戦後の皇室典範でも改正されることのなかったこの国のありようを、人間の実存的性格との関わりから再定義するところにあった。そして、その形而上学的性格をはぎ取り、日本や日本文化を人間の本能や肉体と連結する形で再構築するところにあったのである。その切り口が、天皇制と性差の問題、すなわち女帝をめぐる議論だった。

終戦をきっかけとする日本の社会構造や日本人の歴史観、日本文化の解体と再構築に関して、安吾は、戦前のイデオロギーはもちろんのこと民主主義や人権という観点をも排して実現しようとしている。安吾の企図するものは、明らかに、生物的あるいはアナーキズム的な意味での人間の解放である。ここには『堕落論』を執筆したのと同じ安吾がいると言ってもよい。

「奇激な婦人」の末路
――山田美妙『いちご姫』における男装をめぐって――

安達太郎

はじめに

近代日本にあって新時代にふさわしい文学としての小説が求められたとき、それは小説の内容の革新だけでなく、表現手段としての新しい小説言語の創造をも意味していた。この意味で、明治二〇（一八八七）年、二葉亭四迷『浮雲』と同時期に言文一致体の小説「武蔵野」を発表した山田美妙（一八六八―一九一〇）は、間違いなく、この時代の先頭走者《フロントランナー》の一人だったと言える。翌、明治二一（一八八八）年に「武蔵野」を含む作品集『夏木立』を出版し、婦人雑誌『以良都女』（一八八七―九一）、文芸雑誌『都の花』（一八八八―九三）の実質的な編集主幹として八面六臂の活躍をした美妙は近代日本が持った最初の流行作家であり、二〇歳代後半に直面した二度のスキャンダルによって『メディアが人を殺す時代』の最初のサンプル」(嵐山光三郎(二〇〇一))ともなった人物である。

山田美妙の初期小説は、唐突に訪れる救いのない悲劇的結末や小説言語そのものによって発表当時の読者に衝撃を与えたものであるが、現代の読者の目にも十分に異様に見えるものである。美妙が持てる限りのアイディアを傾注して構築した物語世界や小説言語がその後の文学における主流とはならなかったからであるが、それだけに美妙の作品の中には、現代の読者の前に展開されることがなかった、文学や小説言語における別の選択肢《オプション》を見ることができると考えられる。

ここでは、その短い全盛期に残された長編小説『いちご姫』を取り上げ、美妙が際だって特異なキャラクターを託したヒロインいちご姫における男装という行為の意味を考えてみたいと思う。先頭走者はその時代、あるいは時代の少し先を指し示す存在であり、美妙が作り出したいちごという人物の中にも始まったばかりの日本の近代における先端的なジェンダー意識がかいま見えると思われるからである。

『いちご姫』とその梗概

『いちご姫』は明治二二(一八八九)年七月から翌年五月まで『都の花』に連載され、明治二五（一八九二）年に金港堂から出版されている。この時期の美妙は「武蔵野」で採用した常体（ダ体）を棄て敬体（デスマス体）を採用しており、『いちご姫』の地の文も「です」「ます」といった語尾で書かれている。また会話文では、狂言などの室町時代語資料を範とした「おじゃる」「おりゃる」といった文末形式や「発止！」「人ッ！」といった美妙独特の感動詞などが特徴的である。

『いちご姫』は、足利義政の治世を舞台として、没落した貴族の娘である美少女いちご姫の転変する人生を描いた作品である。いちごの男装という振る舞いを理解するには、物語の概要を頭に入れておく必要があるだろう。次に、いちごの波乱に満ちた人生と悲惨な結末を描いた全三八章を[A]〜[I]までの九つの部分に分けて示すことにする。

[A]　世は足利義政の治世、荒廃が進んだ禁裏の様子を嘆く美少女がいた。右《う》小弁《しょうべん》藤原《ふじわらの》夏代《なつよ》（通称茶山寺《さざんじ》）の娘で、その美貌を知らぬ者のいないいちご姫である。いちごは義政の家来窟子太郎《うろこたろう》と出会い恋心を抱くが、その夜、窟子は義政がいちごを側室（「妾《てかけ》」）として所望していることを告げる使者として夏代邸を訪れる。とまどいつつ庭に出たいちごは禁裏の若い娘が雑兵に連れ去られようとしているところを目撃する。雑兵を詰問してそれが窟子の配下だと知ったいちごは窟子に近づくために身代わりになることを申し出るが、そこ

に当の窟子が現れる。（第一～第六）

B　窟子の家に同行したいちごは窟子に自らの胸の内を打ち明けるが、窟子は耳を傾けようとしない。いちごが灯火を消して窟子に迫ろうとしていると義政の側近漆実左京《ぬるみさきょう》が現れ、二人の仲を義政に告げると言う。いちごと窟子が「帰れ」「帰らない」と押し問答をしているところに、左京の密告を聞いた義政自身がごく少人数の従者を連れて現れる。左京が窟子を尋問していると、いちごは義政に窟子が好きだが窟子はなびこうとしないと語り始める。窟子をあきらめて、側室として自分のもとに来る気があるかどうか義政にあらためて尋ねられて、いちごは窟子はあきらめないが義政のもとに行ってもよいと語る。（第七～第一〇）

C　いちごの胸中に義政に対する殺意が芽生える。警護が手薄な今夜を絶好の機会だと考えたいちごは、窟子を思い切り義政のもとに行く決心をしたと告げ、行くに際しては、鎧を着て行きたいと所望する。興がった義政はこれを許し、いちごは窟子から借りた鎧と刀を身につけて義政と同行する。義政が望んで二人きりになったところでいちごは短刀で襲うが、いちごの計略を見抜いて義政と入れ替わっていた窟子に取り押さえられる。窟子はいちごを家まで送り届け、自身は出家すると覚悟を語る。（第一一～第一四）

D　窟子がいちごを伴って行くと、数名の野武士かと思える者に出会う。彼らは内裏よりいちごを迎えに来たと言い、寵子はいちごに別れを告げる。寵子の姿が見えなくなったとき、武士たちは偽りの迎えであることを明かし、いちごを畠山方の砦に連れて行く。一室に閉じこめられたいちごは暗闇の中に幼なじみの小君が幽閉されているのを知る。小君から、日中は武士たちに乱暴狼藉を受けたが夜は砦の警護のため武士たちは来ないと聞き、いちごは切り岸から脱出を図る。人通りのある道に出て、いちごは寵子かと思える通りがかりの僧に助けを求める。家の近くで僧と別れたものの、この僧が寵子ならばといちごは僧の後を追う。ついに追いつけず戻ることを決めたとき、いちごは四、五騎の軍兵に発見される。鎧姿のいちごを見た軍兵は敵方の名のある武士と見ていちごを捕らえる。

（第一五～第一九）

Ｅ　いちごは山名党の頭人大幸主水助《おおさちもんどのすけ》の陣に四ヶ月にわたって武者として幽閉される。主水助から、茶を飲みに来るようにという使いが来る。いちごは女であることが露見するのをおそれつつも、誘いを断ることはできないと覚悟し、主水助から贈られた衣装に着替える。主水助は茶の席で、寵子がいちごの父の落とし子であり、いちごとは兄妹に当たるのでいちごの愛情を受け入れられないこと、そしていちごと別れた後であやしい僧として主水助の配下に射殺されたことを告げる。そのとき畠山方の大軍が主水助の陣を急襲し、その混乱に乗じていちごは逃走する。嵯峨野まで逃れてきたいちごは、みすぼらしい家に住む娘

と老婆に助けを乞う。（第二〇～第二一）

F 嵯峨野に滞在するいちごは、近くの庵に四ヶ月前から住む男の話を聞き、窟子ではないかと思う。娘の衣装を借りて庵を訪ねるとたしかに窟子だったが、窟子はいちごに取り合おうとしない。ついにいちごは窟子を殺すことを決意し夜陰に紛れて庵に忍び込むが、逆に取り押さえられ、操を失う。窟子かと思った相手は主水助であり、窟子の留守中に庵に入り込み、いちごに遭遇したのだった。（第二二～第二五）

G いちごは主水助と夫婦になったが、次第にいさかいが絶えなくなる。ある日、言い争いの果てにいちごは家を飛び出す。あとを追った主水助は池でおぼれている女を助けたが、いちごではなかった。その女は、いちごが若い男に主水助を殺すようにかき口説いている現場を目撃して、池に突き落とされたのだと語る。主水助は家に戻ったところを襲われて死ぬ。主水助を殺した樺有源太《かばりのげんだ》といちごは夫婦になるが、いちごは次に窟子を殺すように源太を口説く。源太は庵を訪れ窟子を不意打ちにして手傷を負わせたものの逆に仕留められてしまう。（第二六～第二八）

H 源太を失ったいちごは野武士などのあぶれものを集め、その中の主だった者を情夫としていた。ある春の夕暮れ、いちごは見事な笛を吹く若侍に出会う。夢王二郎《ゆめおうじろう》と名のるこの若者は窟子と同じ寺で幼時を過ごしており、窟子が賊に襲われたときに負った手傷がもとで死んだという噂を伝える。いちごは夢王を仲間に引き入れ、寵愛する。おもしろくないほかの情夫たちは宴席で夢王を殺そうと企てるが、宴の最中に武士たちが踏み込んでくる。いちごは、夢王の機転で難を逃れ、夢王に深い愛情を抱くようになる。（第二九〜第三三）

Ⅰ　夢王は丹波の与謝の主与謝小二郎《よさのこじろう》であると素性を明かし、いちごを所領に連れ帰る。小二郎には狭蓬《さよもぎ》という妻がいたため、いちごと狭蓬は小二郎をめぐっていさかいが絶えない。夏のある日、小二郎は老尼を伴って帰宅する。その尼は、いちごを探し求めて流浪する母だった。変わり果てた姿を母に見せられないいちごは小二郎に応対を頼むが、小二郎の顔立ちと生い立ちから、老尼は、小二郎は自らの子であり、あごの黒子がその証拠だと明かす。いちごと兄妹だということを知り逆上した小二郎は侍女や狭蓬を斬殺したあげくに家来に討たれる。いちごは狂って叫び声を上げながら丸裸になって走り出す。狂ったいちごを見て尼は息絶える。翌夕、泉水のほとりで死んでいるいちごの腹を犬がなめていた。

（第三四〜第三八）

以上、やや詳しく、『いちご姫』の物語を追ってきた。足利を敵とみなす勤王の心を持った美少女いちごが、同時に宿っている「淫婦」の本性によって運命の激変に見舞われ、あげくにインセスト・タブー（この場合は兄妹相姦）を犯して狂死するという後味の悪い結末を迎える。

そして、この物語の[C]から[F]まで、いちごは男装してさまざまな事件に遭遇するのである。

鎧による男装とその動機

ここからは、いちごの男装という問題を取り上げていくことにする。まずはいちごが男装する場面（[C]）を見ていこう。

いちごと窟子は灯火の消えた一室でことばを交わしているところを左京に見られ、さらにその場に義政自身が乗り込んで来るという窮地に立つ。義政に「東山へ来るは否《いや》か？」と問われたいちごは、「窟子どのをも思いきらずに」「二道かけて」東山に行ってもよいと言い放つ。そのことばに義政が戸惑っているのを見て、「かりそめにも将軍、どんな鋭い人かと思えば案外な、それ程でもない義政」という思いとともに、義政に対する殺意が芽生えてくる。幸いなことに、当夜の義政はろくに供も連れていない。「まいろうか？」と義政に告げたいちごは義政暗殺への一歩を踏み出す。

「明日とも言わず今宵《こよい》から直《すぐ》にまいろうと存じまする。したが折り入ッた願いがおりゃる。申しにくうはおりゃるが、一世《いっせ》の思い出、おゆるしやれ鎧着《よろいき》とうおりゃる」

「なに鎧？」一同が。

「鎧が着とうおりやる。生まれてこのかた、婦人《おなご》のかなしさ、まだ着た事もおりやらぬ程に、今如何《いか》に何とて武家方へまいるのにこの素肌では――いかにかねての望み、切《せ》めて鎧着てまいりとうおりやる」（第一一、以下、傍線は引用者）

義政に許されたいちごは、窟子の鎧を借りて身につけ、男装して義政と同行することになる。しかし、いちごはなぜ鎧を所望したのか。その理由としては、いちごの本当の望みは、鎧ではなく鎧に付随するもの、すなわち刀を手に入れることだったということが頭に浮かぶ。実際、窟子に鎧を借りたいちごは窟子が差し出した飾り太刀を拒否し、切れ味のよい「真《まこと》の刃物」を手に入れることに執着する。そして義政（実は義政に扮した窟子）と二人きりになったところでその短刀で斬りかかるのである。

いちごの目的が義政を殺すための刀を手に入れることにあったことには、一見、疑いの余地はないように見える。つまり計略としての男装である。しかし、いちごの男装をこのように理解することが、鎧姿で義政の側室として東山に行くといういちごの奇抜な申し出を正当化できると言えるのであろうか。「武家方へまいるのにこの素肌では」といういちごの説明も、側室として義政のもとに行くという事情にふさわしいものとは思えない。義政の側室としてではなく、一人の武士として東山に乗り込もうとしている人のことばのようである。さらに、武芸のたしなみがない貴族の娘であるいちごが、重く動きづらい鎧を身につけて、義政を殺すという目的を首尾よくかなえられるのかという現実的な問題もある。明確な目的によって行われたはずのいちごの男装は、けっして自明な行為ではないのである。いましばらく、いちごの男装について考えてみる必要がある。

いちごの男装の不可解さ

鎧を所望して男装するといういちごの行為が、武器を手に入れるための計略という目的からだけでは理解しづらいという疑念について述べた。そのような目で『いちご姫』という物語を追っていくと、いちごの男装にはさらに不可解な点が散見される。これを男装前、男装直後、男装の継続という三つの時期に分けて考えてみたい。

まずいちごが鎧による男装を義政に所望している場面をもう一度見てみよう。武器を手に入れるための計略としては、鎧を着たいという希望が突飛すぎないかというのが先ほど述べた疑問であったが、ここにはもう一つ疑問がある。義政を殺すという決意を固めた瞬間に、いちごが迷いなく鎧の所望という発言を行っていることである。この場面には、凶器を手に入れる手段についていちごが計略をめぐらした気配がない。それは、いちご自身のことばにあるごとく、あたかも「かねての望み」であったかのように自然に口をついて出ているのである。

いちごが鎧を身につけ男装した直後にも不可解な場面が現れる。義政殺害に失敗したいちごを窟子が禁裏まで送り届けようとする場面である（D）。五人ほどの野武士と見える一群が禁裏からの迎えであると偽り、いちごを窟子から引き離して拉致していく。

きッと目をすえて、先方《むこう》の群れの持つ松明の火影《ほかげ》にすかせば見覚えは更《さら》にない武士どもでした。

打扮《いでたち》はいずれも掃《は》き寄せの鎧《よろい》や大小、或《あるい》は鎧のわりに刀が麁末《そまつ》、或は脛当《すねあ》てと手甲《てこう》と更に対《つい》せぬ、見たところ野武士とより外《ほか》は見えませんでした。

が、先方はいちごを透《す》かし見て、直《すぐ》に小腰をかがめました。

「こや、姫御前《ひめごぜ》では？　おゝ、おじゃッた。いずくをおさまよいやッた事でおじゃる？　奴等《やっこら》は御《おん》むかえでおじゃる。」

「むかえ？」姫がもっとも不審そうに。

「なかなか。夕ぐれにお出《で》ましの儘《まま》お帰りやらぬとて方々《かたがた》の御《おん》なげき一方《ひとかた》では――近衛《このえ》どのゝ青侍《あおざむらい》どもが斯《こ》うおん迎え承ッておじゃる。さてもさても便《びん》のいとよき。方々の御《おん》なげき思《おぼ》し召《め》さばとくとくこの儘奴等《やっこら》と…」

（第一五）

ここで奇妙なのは、互いに顔を知らなかったはずなのに、野武士が男装のいちごを見たとたんにいちごであると正しく判断していることである。いちごの姿が見えなくなったときの事情を正確に語っているところから、禁裏の様子を知った上でいちごを探していたことは予測されるが、いちごが鎧を着た男装の姿でいることは知る由もないはずであるにもかかわらず、野武士たちは一目でいちごであることを見抜いている。異性装（男性による女装、女性による男装）という行為が、ジェンダーを変えることで自分自身とは異なるまったく別の存在に変わる機能を持つものだとするならば、この場面では、いちごの男装はその機能をまったく果たしていないことになる。あまりにも美しいいちごは、男装してもいちごであることから逃れられていないのである。

最後に、男装の継続に関わる疑問について考えておく。義政殺害のために鎧を身につけ男装したいちごは、畠山方の野武士によって連れてこられた砦の一室からの逃亡（D）、四ヶ月にわたる大幸主水助の陣での俘虜生活（E）、敵襲によって生じた隙に乗じて逃亡したあとの嵯峨野への滞在（E〜F）を通してその男装を継続する。ここでは砦からのいちごの逃亡と嵯峨野での生活についてみていくことにする。

義政を討つことに失敗したいちごは窟子に付き添われて禁裏近くまで帰るが、そこで偽の使いの一群によって崖上（「切り岸」）の砦に連れ去られる。真っ暗な部屋で幼なじみの小君と再会したいちごは、どのような運命が待っているかを知らされ、夜陰に紛れての逃亡を決意する。

まず切り岸から逃げる外《ほか》に手段はない事、で、這い下りるより外に工夫もない事、這い下りるとしてさア、鎧《よろい》のまゝがいゝか、それとも脱いだ方が？

言わずとも知れた、素肌が何より。鎧下《よろいした》に大小《だいしょう》ぐらいが究竟《くっきょう》かも知れず、しかし、また思い直せば其処此処《そこここ》の草には身体に疵《きず》をもつけられる事、肉へ肌のやわらかな肉へ。監禁される事を思えば何でもないものゝ、猶《なお》一つの不便というのは鎧下は白、闇とは言え、人の目、まして鵜《う》の目鷹《たか》の目の武士の中をぬける事、見咎《みとが》められ易《やす》いは必定《ひつじょう》――でも甲《か》斐《い》のない始末。すこしぐらいは不便でも、一般に行われる身の固め、着た方がよいかも知れぬ。

どうしても着た方がよい。が、太刀《たち》は邪魔《じゃま》になろう。と言ッて捨てる訳には行かぬ、絵巻き物に太刀を背負ッた図のあるのは大方《おおかた》この場合い、後ろへまわして脊負ッたがよかろう。　（第一七）

鎧を捨て身軽になった方がよいという当初の判断はまったく妥当なものであろう。しかし、いちごは最終的に鎧を身につけたまま切り岸を下るという決断をする（図1）。草で体が傷つくことや白い服（「鎧下」）が目立つことを理由としているが、体を自由に動かせることに優る理由とは思えない。命がけの脱出劇を目前としたいちごは、脱出の成功よりも鎧姿を続けることを重視しているようにさえ思える。

次に嵯峨野での生活における男装の継続に目を移すことにする。いちごは主水助に茶に招かれたとき、鎧姿から「時服《じふく》」（主水助が添えてきた季節ごとの衣装）に着替え、敵襲の混乱の中で嵯峨野に逃れる。そこで老婆と一五、六歳の少女が住むみすぼらしい家（「白屋《くさのや》」）に行きあたる。

「のう、問いまいらす、こゝは何という処でおりゃる？　それに湯一つほしきに無礼《むらい》いたすのでおりゃる」

聞き定めれば女の声、しかし疑えばこの深夜に女がどうして。

「誰《たれ》じゃ？」内から始めて黄ばんだ声で。

図１　鎧姿で切り岸の砦から脱出するいちご姫

「旅のものでおりゃる。こゝは何《ど》……」
と言ッて戸に手をかけている内、戸のしまりが意外にも外《はず》れました。先方《むこう》をおどろかすのは気の毒ながら背に腹は代えられず、偶然に開いたものをいゝしおにしていちごは門の中に入る、見て家の娘も化転《けてん》しました。叫び声も出ず、見れば武士、あら気味のわるい。が、それと共にぞっと身にしみたのは武士の容色でした。そのあてやかさ、元より女子《おんな》とも疑われる程でした。（第二一）

この描写によると、いちごは男であることを装うために声を作ることもなく、娘に声をかけている。しかしながら、入ってきたいちごはあまりに美しい武士の姿である。娘の驚きはいかばかりであったろうか。

そして、引用に続く部分で、この状況にあっても「いちごは、女という事を此処《ここ》でも隠していました」と語られているのだが、ここが不可解な点である。娘と老婆だけがひっそりと住む家を深夜に突然訪れたいちごとしては、事情があって武士の姿をしているものの自分は実は女であると明かした方がずっと相手を安心させることができるはずである。老婆と娘はいちごを家に泊め、三人で枕を並べて雑魚寝をしたとあるのであるが、そのような家であるならなおさら必要な配慮ではあるまいか。

嵯峨野でいちごが男装を続けることに対して、美妙は詳しい説明を行っていない。男装を継続したために、近くに住まいする窟子らしき男の庵を訪ねるに際して、男装するいちごの女装という趣向（図２）が可能になるのではあるが、それが理由だとするとあまりにご都合主義的であると言わざるを得ないだろう。

いちごが男装した動機や、男装の効果、男装を継続した理由が『いちご姫』という物語の中に与えられていないのだとすると、いちごは男装すること自体が目的であったと考えるしかない。このような発想をするいちごという少女を美妙がどのように造型しているのかを見ていく必要がある。

図２　「女装」して窟子の庵を訪れるいちご姫

ジェンダー意識から見たいちごの人物造型

ここまでで見てきたように、いちごの男装という問題は、男装の動機と効果、そして男装を継続した理由といった点で大きな疑問を内包していると考えられる。この疑問を解く鍵は、いちごという人物そのものに求めなければならないだろう。以下では、美妙がいちごをどのような人物として造型したのか見ていくことにする。

『いちご姫』の本文には、いちごについてのさまざまな評言がちりばめられている。例えば、次のとおりである。

> いちごの親たちの言葉に従えば、姫は年寄りも叶《かな》わぬほどの烈女でした。（第六）
>
> 思い切ッて心中の心中を言えば、根が淫婦というだけに身を汚されたのをば深く心にその実《じつ》くやしがりませんでした、むしろ僥倖《ぎょうこう》で窟子に逢ッたのが切《せ》めてもの念晴らしのようでした。（第二五）
>
> 毒婦と充分に成り果てゝ今はいちごも世の中に恐ろしい物を持たなくなって、例の男の妻とまたなりました。（第二八）

さまざまな事件に遭遇する前のいちごは親の言葉を借りて「烈女」とされているが（Ａ）、窟子の庵で主水助に操を奪われたあとは「淫婦」（Ｅ）、樺有源太に主水助を殺させたあとは「毒婦」（Ｆ）と評されている。つまり、これらの評言を用いるならば、『いちご姫』は尊王の信念を抱く「烈女」が「淫婦」としての本性から「毒婦」に堕ちていくさまを描き出す物語ということになる。

『いちご姫』をこのように理解することは、『都の花』への連載に先立って掲載した「予告」において美妙が次のように記していることとも整合する（引用は大橋崇之（二〇〇七）による）。


（前略）そして主人公のいちご姫は表向は貞操に見え、淑徳の備はッた婦人と思はれてもその実は非常な――思ひ切ッて――淫婦であるといふのが先主眼です。いちご姫は淫婦である、しかしその形跡は中々にわからない。そして一方に於ては多淫といふ悪癖をつぐなふだけの美徳を持ッて居て、すなはちそれは心が雄々しくて尊王の心が篤かッたといふ一点です。

（『都の花』一八号、明治二二（一八八九）年）


美妙が同じ予告の中で「泰西の小説大家何某」の影響をほのめかしたことから、これまでの研究では、この「何某」と目されたエミール・ゾラとの関わりとともに「淫婦」としてのいちご姫に注目するのが通例だったように思われる。しかし、「美徳」をもった「淫婦」を描くということだけでは、いちごがなぜ男装し、男装を継続しなければならなかったのかという疑問に対する解答にはならないことはすでに見たとおりである。

いちごの男装をめぐる疑問に答えるためには、美妙がいちごに対して与えた別の評言の方がより重要であると考える。それは「奇激な婦人」ということばである。「奇激な婦人」ということばは、さまざまな事件にいちごが遭遇する前に、美妙（あるいは語り手）がいちごという人物について物語る中に出てくる。いちごが男と女をどう理解しているのかを通していちごの人物像を説明する文脈である。

普通の人がはじめて男女《なんにょ》互に批評する時には大抵《たいてい》男は女の劣ッた点、女は男のわるい廉《かど》にまず目を付ける、それといちごは全く反対して、むしろ相手のまさッた処にのみ目をつけました。男は女より思慮が深い、男は女より力がある、男の中にも美しい人はある…こういちごが考えた果《はて》は一般に男は女よりどうしても優ッたようにも見えて、そして自然に、名の付けようもない、妙な理想が湧《わ》いても来ました、どことなくいちご自分ばかりが女の髄《ずい》を集めたと思うような理想が。この考えが起るや否や、更《さら》に第二に続いて、不思議な自信の念がありました。人の評を経《たて》とし、更に自身の贔屓《ひいき》を緯《ぬき》とすれば終《つい》に世の中の男子の目的となる物は自分の外《ほか》にあるまいと思って来ました。

こう考えて心から男を尊《たっと》ぶ、その極《きょく》はいちごも自然に男らしい真似《まね》を好んで来るがただ虎《とら》を描いて猫にも似せられず、却ッて別の異形《いぎょう》の物をこしらえるのが多くあること。皮相から男を観察していちごが男を学んだ結果は終に奇激《きげき》な婦人となりました、一寸《ちょっと》見た

ところだけ男に似ていて。（第六）

いちごは男を女よりも優れた存在ととらえており、それと同時に、女としては自分こそが「その髄を集めた」存在であると自認している。そして女として最高の存在である自分と、女より優れた存在である男とを、いちご自身の中で統一させることを志向していたらしいことが、「男らしい真似」を好むといった振る舞いとして現れたものと理解される。つまり、「奇激な婦人」であるいちごは女性でありながら男性である両性具有的な存在であることを望んでいたのである。

いちごの男装をめぐる問題はこの観点から理解する必要があると思われる。ここでもう一度振り返っておこう。

いちごは義政の暗殺という目的を実行する凶器を手に入れるために鎧を所望したが、その動機は十分な説得力を持っていない。また、あまりにも美しいいちごは男装していてもいちごであることをすぐに見破られてしまう。さらに女性であることを告白した方がふさわしい状況にあっても男装を継続する。このようにいちごの男装をめぐっては不可解な点があったが、これはひとえにいちごが女性でありながら男性でもあるという両性具有の実現に執着していたからではないだろうか。

両性具有に対するいちごの執着の強さは、これを否定された際のいちごの怒りの激しさによって根拠づけられる。そもそも変転するいちごの運命は窟子太郎との出会いから始まったものだった。窟子への愛ゆえにいちごはさまざまな人生の岐路で選択を誤ってしまうほどである。しかし、嵯峨野の庵で窟子と再会したいちごは窟子と語り合い、彼の道心や貴族社会の衰退に対する考えを聞いたのちに、窟子を殺すことを決意するのである（F）。

そうかと思うと、また公卿の方のものにも大偏頗《だいへんぱ》があると言ッて冷笑しました。いちごを馬鹿、偏頗と言わぬばかりにこなしました。終《つい》に、あら！　この口達者が！

「よしなく男めかすは片はら痛うおりやる」。

何を言うかと思えば、結局は人を——言葉にさえあらわして、斯《こ》うまで！　何の、そう辱《はず》かしめられるいわれはない。ある、今までの煩悩《ぼんのう》を見てあなどられたのか。我慢《がまん》に我慢した果ては気も逆上《のぼせ》ました。おのれと摑《つか》みかゝりもしたくなりました。どッ……どうしてくれよう。「男めかすは片はら痛い」と言いくさッた。ただなら腹も立たぬ、公卿《くげ》と散々くさし果てた揚《あ》げ句《く》、地下《じげ》が物をも知らぬ乱言、もう もう恋いも何も醒《さ》め果《は》てた。

人を「男めかすは片はら痛い」と言いくさッた。「男めかすが片はら痛い」か痛くない

か覚えていろ。　　　　　（第二四）

いちごが敏感に反応している窟子のことばが、「男めかす」ことに対する揶揄、否定であることに注意しなければならないだろう。これは、男装という形で実現した両性具有性の否定である。いちごの心中で何度も繰り返される「男めかすは片はら痛い」という窟子のことばは、窟子が否定したものこそがいちごがもっとも大切にしていたものだったことを意味している。このことばによって、いちごの心情は恋心から殺意という逆方向のベクトルに急展開する。そして、『いちご姫』という物語において、いちごはこれ以降男装となることはない。

　このように理解するとき、美妙の『いちご姫』は、両性具有によって完全な人間を目指したものの、男性性の取り込みが皮相な「真似」に終わってしまった「奇激な婦人」の悲劇を描く作品としての姿を立ち上げる。

おわりに

　最後に、窟子のことばをとおして、美妙による『いちご姫』という作品の構想についてもう少しだけ考えておきたい。「よしなく男めかすは片はら痛い」という窟子のことばは、いちごに対する窟子の評価であるのと同時に、いちご、あるいはいちご的なものに対する美妙の見解にシンクロするものであると思われるからである。

「奇激な婦人」といういちごの人物造型について語る先の引用をもう一度振り返っておきたい。ここにおいて、美妙（あるいは語り手）は物語の展開から離れて、作者あるいは語り手の観点からいちごの心理を解説していた。そこでは、いちごが自分の女性としての圧倒的優位を意識する一方で、男を女より優ったものとして認識しており、「男らしい真似」を好むという、両性を兼ね備えた存在を志向していたことが語られていた。

しかし、このようないちごの心理は、評価を帯びない、中立的な立場で述べられていたわけではない。そこには、一般論としてではあるが、「ただ虎を描いて猫にも似せられず、却ッて別の異形《いぎょう》の物をこしらえるのが多くある」と述べられている。これは、いちごも彼女が望んだ両性具有の人間とは似ても似つかない「異形」にすぎないという認識を示したもののように思われる。実際、「皮相から男を観察していちごが男を学んだ結果」が、「一寸《ちょっと》見たところだけ男に似て」いる「奇激な婦人」だと語られているのである。「奇激な婦人」とはいちごの運命が転変する前に語られたものであるが、その後のいちごの悲劇を予告するものであったと言える。

『いちご姫』は足利時代を背景とした時代物であったが、美妙はこの作品をとおして、あるいは同時代に対する批評を試みたのではないかという解釈の可能性も成り立つのかもしれない。

「男めかす女」といった観点は、近代を迎えて女子教育が盛んになり始めた時代にはすぐれて同時代的なテーマだったと思われるからである。二葉亭四迷が『浮雲』の中で描いたお勢が、母親の旧弊性に批判的なことばを投げかけ新時代的な知識を鼻にかけるところがありながらも、結局はみずからも旧弊な考えから抜け出せない「根生《ねおい》の軽躁者《おいそれ》」(『浮雲』第一篇第二回)だったことも思い出すべきだろう。

しかしここでは、このような読みの方向性が存在することを認めつつも、両性具有を志向した「奇激な婦人」に訪れる救いのない悲劇というところで解釈を打ち切ろうと思う。いちご姫という奇妙な名前は閑吟集の有名な歌謡「何せうぞ　くすんで　一期《いちご》は夢よ　ただ狂へ」から取られているという指摘がある(島内景二(二〇〇二)、九八～九九頁、十川信介(二〇一一)、四七〇頁)。同時代批評といった観点よりも、美妙は、その名のままの人生を歩んだ女性の悲劇を描き出そうとした、ということの方が『いちご姫』という作品にはよりふさわしいと思うからである。

本文の引用は十川信介校訂『いちご姫・胡蝶　他二篇』(岩波文庫、二〇一一年)による。

参考文献

嵐山光三郎「解説　消された美妙」坪内祐三・嵐山光三郎編『明治の文学第10巻　山田美妙』筑摩書房、二〇〇一年。

嵐山光三郎『美妙　書斎は戦場なり』中央公論新社、二〇一二年。

内田魯庵「欧化熱と山田美妙」『新編　思い出す人々』岩波文庫、一九九四年。

大橋崇行「「いちご姫」解題」『リプリント日本近代文学103　いちご姫』国文学研究資料館、二〇〇七年。

大橋崇行「淫婦の「境遇」―山田美妙「いちご姫」における〈ゾライズム〉の理解と受容―」『上智大学国文学論集』四二、二〇〇九年。

佐伯順子『「女装」と「男装」の文化史』講談社選書メチエ、二〇〇九年。

塩田良平『山田美妙研究』人文書院、一九三八年。

島内景二「「ちッ、ぺッ、ぷッ」の山田美妙」『歴史小説　真剣勝負』新人物往来社、二〇〇二年。

十川信介「解説　文壇登場期の美妙」『いちご姫・胡蝶　他二篇』岩波文庫、二〇一一年。

『日本武尊吾妻鑑』と『南総里見八犬伝』のトランス・ジェンダー

――記紀神話から近世文学へ――

林 久 美 子

はじめに

日本文学史上、最も早い女装の例として知られているのは、記紀のヤマトタケルであろう。江戸時代の浄瑠璃作者近松門左衛門には、『日本書紀』のヤマトタケルに取材した時代物があり、曲亭馬琴の代表的読本にも、ヤマトタケルの性質を受け継いだ女装戦士が活躍する。近松と馬琴は、女装という仕掛けを、江戸という時代の素養・倫理道徳観を通して、見事に作品化している。本書のテーマは「トランス・ジェンダー」であるが、ジェンダーが性別をめぐる社会的諸関係に基づいて語られる以上、前近代の性別意識に対して、とりわけ神の時代の物語を範疇に入れることに対しては異論があるかもしれない。しかし、少なくとも近松と馬琴には神話をめぐる共通理解があり、それが性別越境の方法にもあらわれているように思われる。以下、『日本武尊《やまとたけのみこと》吾妻鑑《あずまかがみ》』と『南総里見《なんそうさとみ》八犬伝《はっけんでん》』それぞれについて、これを見てゆきたい。

近松のヤマトタケル（『日本武尊吾妻鑑』）

記紀のヤマトタケル

日本武尊《やまとたけるのみこと》（『日本書紀』の表記。『古事記』では「倭建命」）は景行天皇の皇子で、本名は「小《お》碓尊《うすのみこと》」（『記』では「小碓命」）、又の名を「日本童男《やまとおぐな》」（『記』では「倭男具那王」）。「タケル」とは勇猛な人の義であり、ヤマトタケルという名は、熊曽《くまそ》の八十《やそ》梟帥《たける》の首長タケル（川上梟帥。『記』では「建」）から、自らの死に臨んで勇者として献じられたものである。

『日本書紀』と『古事記』ではこの皇子の人物像に大きな違いがある。『古事記』では、その猛々しさは非人間的で凶暴性さえ帯びており、熊曽討伐を命じられたのも、兄の大碓命をつかみひしぎ、手足をバラバラにして薦に包んで棄ててしまったため、父天皇がその「建く荒き情を惶みて」（勇猛で荒々しい心を恐ろしく思われて）のことであった。ただし、その前提には兄の悪行が強調されている。兄は父天皇の欲した二人の娘を横取りし、父の食膳に陪侍しなかった。そこで、ヤマトタケルは兄を諭すよう父に命じられていたのである。とはいえ、厠で手足をもぐとは、肉親に対するふるまいとは思えないおぞましさである。これに続く熊曽兄弟の討伐でも、兄を殺すと逃げる弟を追いかけ、「其の背の皮を取りて、剣を尻より刺し通し」、「倭建命」の名前を奉られるが、すぐに熟れた瓜のように引き裂いて殺している。王権中央から放逐された異端の荒々しさである。『古事記』のヤマトタケルは、この後も父に忌避されて戦い続け、国を偲びながら死ぬというドラマチックな生涯を送る。そこに織り込まれた歌謡の力も与って、今なお読み継がれる伝説になっている。

これに対して『日本書紀』の方は、兄の殺害記事がなく、熊曽梟帥（一人）の殺害方法も、胸を刺し通すだけで猟奇性はない。父景行天皇との関係も愛と信頼で結ばれ、帝はヤマトタケルに譲位するつもりであったし、訃報を聞くと慟哭している。『古事記』に比べると翳りのない皇子像で、その分、いささか美しすぎるきらいがある。

ヤマトタケルの女装

さて、記紀のヤマトタケルは父から命じられた熊曽討伐のために女装をする。『日本書紀』では、童女のように髪を垂らし、童女の姿になった一六歳のヤマトタケルが、梟帥の宴席に侍り、酔いが回ってきたところで刺し殺す。『古事記』では、この時の衣裳は叔母にして伊勢の斎宮でもある倭比売命から賜ったものである。だから女装は王権とそれを守る伊勢神宮の神威をまとったものという意味づけがされているが、いずれにしてもだまし討ちのための女装であった。

大坂の竹本座の人形浄瑠璃作者近松門左衛門は、『古事記』ではなく、『日本書紀』に拠りながら、新しいヤマトタケル像を創り出した。『日本武尊吾妻鑑』（一七二〇年初演）がそれである。

『日本武尊吾妻鑑』の小碓尊（＝ヤマトタケル）の女装は、記紀のように敵を油断させるための、臨時の女装ではない。小碓は「神賢姫《かみかしひめ》」と名付けられ、玉垂几帳の奥深く育てられた。それは、兄である大碓が生まれつき不仁不道、ことに我執驕慢の悪念が深かったため、弟と知ったら生かしては置かないだろうと考えた父帝の考えによるものである。兄大碓を『古事記』より徹底した悪役にしたことで、ヤマトタケルの女装を正当化している（「神賢姫」という名は、『紀』において、西下する景行天皇に賊の情報を提供する「神夏磯姫《かみなつそひめ》」にヒントを得たのかもしれないが、「見目も心も人間の胤にはあらぬ」と紹介されるように、神の流れを汲む姫への畏敬がこめられている）。

この作品では、大和を侵略しようとする西国の八十梟帥と東国の忍熊《おしくま》の使者が、ともに神賢姫との結婚を迫り、競馬で勝った八十梟帥の方へ姫を送ることになる。天皇は神賢姫に八十梟帥の誅殺を託すが、姫が相手方の城に着く前に、この計画と、姫が男であることを、兄大碓尊から内通されてしまう。そこで裏をかいて、本当の女である侍女敷妙《しきたえ》が姫と入れ替わり、寝所で討つ作戦に出るのだが、敷妙は八十梟帥を討ち損なって殺され、侍女姿になっていた小碓尊（神賢姫）が仕留めることになる。

近松のヤマトタケルは、女装という卑怯な手段によって勝利を得たのではない。ここでは男とバレていた姫が、侍女と入れ替わったことが相手を欺く計略であった。しかも計略は失敗し、結局は男であるヤマトタケル自身の勇力で敵を倒している。その上、八十梟帥の息の根を止める前には、その勇なるを惜しみ、改心して帰服するなら召し使おうと降伏を勧めるのである。それを拒絶し、「体は朝敵、心は尊の臣下なり」と言って自刃した八十梟帥は、並びなき義士として、ヤマトタケルの烏帽子親・守りの神となった。記紀のままなら、なぜ国賊の身で名付け親になったのか、わかりにくい八十梟帥を、近松は敵ながらあっぱれな勇士に改変し、それによってヤマトタケルも賞賛されるべき英雄に仕立て上げたのである。

疑似同性愛

近松の創作で愉快な場面のひとつは、第一段に設けられた、侍女敷妙の、女装したヤマトタケル(=神賢姫)への恋慕の場面である。

武官吉備武彦の妹敷妙は、神賢姫が男とはつゆ知らず、長年側仕えをするうちに恋慕の情が育ってしまった。それで、神賢姫が八十梟帥に輿入れする前夜、ついに恥じらいながら恋心を打ち明ける。

「ほんにあられぬ、女が女に惚れるとは、神代にも聞かぬ事と、我を制し戒めても、まゝにならぬこの心め。エヽ哀れこの身が男に生るゝか、宮さまが男子様《おのこご》ならば、夜のお御座へ参りお歎き申し口説かば、一夜のお情は有ふ物。何の報ひに女子同士に生まれ合ひ、叶はぬ思ひにこがるゝと、思ふ程猶思ひの種。せめての心行かし、又の生には二人の中、独は男に生まれて必ず夫婦になる約束。ちよつとつい抱きつかせて下されなば、御恩の上のお情」

来世ではどちらかひとりは男に生まれ、夫婦になるという約束を迫ると、姫宮（ヤマトタケル）も同じ思いであったと、顔を赤めて言う。

「是はいかなる縁ぞいの。我もそもじに露も変はらぬ相思ひ。女子同士の恋とはあんまりいたづらな、卑怯なことゝたしなめば、たしなむ程心に心が逆らひ、猶恋はいやまさる。今といふ今明かし合ふも深い縁」

二人は抱き合い締め寄せて、「夫婦〳〵」と誓い合うが、「何を契に下紐は解かれぬ仲ぞしんきなる」と、同性愛を装ったコメディタッチの恋模様が、笑いを誘う描写である。

なお、後に二人は一度だけ男女として情交する。敷妙が身替りとして死ぬ前の切ない契りである。渡辺保は神賢姫を「女として育てられたというよりも両性具有に近い」と言い、面白さの一つは「神賢姫の多面性」にあることを指摘する。(1)

男の性の見顕し

ヤマトタケルが女装を解いて男に戻る場面は、最大の見所である。

筑紫の八十梟帥のもとへ向かう途中のこと、三草河原で迎え船を待っていると、東国の忍熊勢が押し寄せてくる。国彦が防戦するうち、折良く西国の船が到着するので姫を乗せるが、この船は姫を奪うための東国方の擬装船であった。じだんだ踏んで狂乱する国彦が沖に見たのは、男の本性を現した、荒れる尊の姿であった。

> 御身軽げに神賢姫、御衣を脱ぎかけ、雄叫びして、舟屋形へ踊り出給へば、長脚（注・東国勢の大将）驚き、「なふ、怪我あつては我々が身の難儀。ひらに屋形へ入り給へ」と、立ち寄る所をひつつかみ、舟梁に打ち付け〳〵、御足にしつかと踏み付け給へば、東夷ら大きに騒ぎ立て、「あの強さは女でないぞ。海へほり込み打ち殺せ。旦那を救へ」と呼ばわつて、抜き連れ〳〵討てかゝる。「ヲヽよい推量、女でない。サア来い」と踏んだる所を動きもせず、渦巻く波の真ん中へ、つかんで投げ込み、拾い込み、底の水屑に見懲りして、あたりに寄り付く者もなし。

あるいは櫓櫂を振り回し、あるいは素手で暴れ回るヤマトタケル。東夷の勢は、ふるいわななき、手を合わせて命乞いするばかりである。（ここは『日本書紀』で、陸奥国に入ったヤマトタケルの船を蝦夷らが怖れて服従した場面をもとにしているのであろうが、典拠の方は戦わずして平定している。）ヤマトタケルは舟を漕ぎ戻させながら、脚長を三反ばかり離れた国彦のいる磯辺へ放り投げる。そして舟から飛び降りると、「女の時とは格別に、身さんばいよし、心よし。国彦、まそつと殺してみたし。逃げ残りの東夷はないか。」と駆け出そうとして引き止められる。じつに痛快な豹変ぶりである。

右の引用文にある「雄叫び」こそ、近松がヤマトタケルの本質として『日本書紀』から採用したキーワードと言って良かろう。『日本書紀』のヤマトタケルは、熊曽を討ってまだ幾年も経たないうちに、今また東夷平定に赴くことを天皇に表明する。『古事記』では、天皇に命じられて、その非情を「女々しく」憂え泣くところであるが、『日本書紀』は対称的に「雄誥《をたけび》」し、身を顧みず国家に奉仕する理想的な皇子として描いた。近松はその本質としての雄々しさを印象づけるため、それまでのヤマトタケルを女性である神賢姫にしたのかもしれない。皇祖神アマテラスも、スサノヲを迎え討つ際は雄々しく武装して「雄誥《おたけ》び」（『紀』）した。「神性」とは外見が男女いずれであるかには関係なく、悪を威圧するものなのだろう。

ヤマトタケルはこの後、筑紫の朝敵退治のため国彦たちに押さえつけられて、いやいや神賢姫の姿に戻り、シャナラシャナラと蹴躓きながら歩む。女から男へ、そしてまた女へ。シェイクスピア劇さながらのトランス・ジェンダーである。

荒男たちの女装

女装させるのはヤマトタケルだけではない。神賢姫が男だと知った八十梟帥が、姫一行を迎えに行かせたのは、待上﨟に仕立てた屈強の力者たちであった。さすがに一見しただけでわかる荒男たちは、お供の国彦にひとりずつ名乗りを求められ、なぶられる。浄瑠璃お得意の節事に仕立てたここは「男上臈勢揃い」とでも呼ぶべき、言葉遊びの場面である。

「まず頭に置綿や、三平二滴の大口紅、肌のつやの四十過ぎ、炭に尉のたまりしごとく、鹿子まだらの厚化粧、残んの雪の降り（振）袖に、肩から裾の蹴回し迄、五色の縫の手繰縄、いかなる殿か、結び留め、添寝の夢の妬ましし、聞かまほしし」

色黒のおたふく顔に厚化粧した大男を国彦が茶化しながらおだて上げると、

「色の黒いは親のとが、口の広ひは生まれつき、背の高いは継足入らず、四十振袖、投げ島田、男選みに年たけて、今日迄親の懐《ふところ》娘。名はしがらき」

と、小指をくわえて座につく。四〇で振袖というのも、化け物のようなものである。ふたり目は、お歯黒を付け、奥女中風の髪を結ってはいるが、髪より多い胸髭が襟元からはみ出、小袖の裄が短い着付。つい、奴言葉の挨拶をしてしまう。そのほか並み居る者どもも、みな頭と衣装は女ながら選りすぐりの男どもで、すわという時にはと肘を張り、蚤取り眼で控えている。

彼らは内通によって、輿には男の神賢姫がいると思い、奪って討ち取るつもりであったが、中にいるのは入れ替わった敷妙であった。輿の中に手を入れて、何に触ったかびっくりし、飛び退いてはまた立ち寄り、何かを探ってはまたびっくり。いかつい男たちの女装、言葉、振る舞いのすべてが、思い切り笑わせるチャリ場（浄瑠璃の滑稽な場面）になっている。女装というのは、庶民の娯楽が要求する〝笑い〟を提供するにはもってこいの趣向であった。

神仏になるヤマトタケル

ヤマトタケルの変身は、女性だけにとどまらない。

作品後半（第四段）では、天下を狙う東夷の首領忍熊《おしくま》が、討手ヤマトタケルの絵図を用意して、関所を固めさせている。尾張の庄屋源大夫は、ヤマトタケルを密かに匿い、娘橘姫と共に奉仕している。能の『源太夫』にヒントを得たこの場面は最も神話的でもある。忍熊の使者が来て、民たちに忍熊への忠誠を誓わせるために湯起請（熱湯に手を入れて鉄丸をつかみ、やけどを負わなければ潔白が証明される）を行う。湯起請を免除する代償として、忍熊は源太夫夫婦に橘姫を差し出すよう求める。夫婦はその夜、娘を醜くすれば忍熊の妻にすることは避けられるかと、娘の閨に忍んで、焼けた矢の根を顔に当てる。ところが、煙とともに障子を蹴破り現れたのは、ヤマトタケルであった。ヤマトタケルは人相書で周知された顔を変えるために、恋人でもある橘姫の代わりに矢の根を受けたのであった。そして、東夷征伐を神慮に任せる誓願を行い、ひらりと大鼎に飛び入ると、湯玉が四方に迸り、渦巻く湯気が雲霞のごとくただよう。

　不思議や神明和光の力。尊の御身に恙なく、柔和の姿引替て、身の色あけの朱を注ぎ、面に忿怒の形を現し、鼎をやすく〱踊り出、所願成就円満と、天地を拝して立給ふ、御身の丈は一丈余り、鬼神もひしぐ勢ひは顕国《うつしくに》玉手力雄《たぢからお》、建御雷《たけみかづち》もかくやらん。

記紀神話の手力雄命や建御雷に比肩される勢いと描写されるが、ここは『日本書紀』の、

「幼くして雄略《をを》しき気有《いきま》しまし、壮《をとこざかり》に及《いた》りて容貌魁偉、身長一丈《みたけひとつえ》にして力能く鼎を扛《あ》げたまふ」

〔幼時から雄々しい御気性で、成年に及んではお姿も大きく立派で、身の丈は一丈もあって、お力強く鼎を持ち上げられるほどであった〕（景行天皇　第一段）

「身体長く大きく、容姿端正し。力能く鼎を扛《あ》げ、猛きこと雷電の如し。（略）即ち知りぬ、形は則ち我が子にして、実は則ち神人にましますことを。」

〔身体が長大で、容姿も端正である。その力は強く、よく鼎を持ち上げ、勇猛なことは雷光のようである。（略）それゆえ、形こそ我が子であるが、実体は神人であると知った。〕（同　第七段、景行天皇の言葉）

などの表現をもとにしているようである。『日本書紀』において既に神格化されたヤマトタケルが、近松の作品では、焼鉄を受け煮え湯から飛び出した真っ赤な忿怒の形相の、あたかも不動明王や大威徳明王を彷彿とさせる姿で現れる。近松は作品の最後で、尊を神仏に変身させたのである。それはすでにこの場面の始め、源太夫により匿われた場所が、注連縄を張り、白木綿を掛け、玉垣をめぐらした社であったところに暗示されていた。

江戸時代において、真っ赤な不動に変身する舞台といえば、まず想像するのは市川家の荒事であろう。初代、二代目の団十郎は自らが神仏に変身する「神霊事」を得意とした。元禄一〇年に中村座で上演された『兵根元曽我《つわものこんげんそが》』は、その早い例として知られている。大名題が示すとおり、曽我兄弟の敵討を題材とするこの歌舞伎の中に、初代団十郎演じる曽我五郎に不動明王が憑依する場面がある。仇を目の前にしながら討つことのできない五郎が、心の内に不動明王を念じていたとき、護摩の煙がふすぼると見えるや、全身が赤く変じ、体に勇力がみなぎるのである。現人神となった五郎は竹を引き抜き、五輪を砕くなどの荒行を見せる。幕切には、その五郎と朝比奈との争いを止める役として、二代目団十郎の扮する不動明王が登場する。翌元禄一六年森田座初演の『成田山分身不動』でも、団十郎と九蔵親子が、それぞれ胎蔵界と金剛界の不動明王として出る。あたかも、成田不動尊の舞台上での出開帳である。「不動」は、のちに七代目が制定した歌舞伎十八番のひとつとなるが、享保五年正月には、江戸森田座で『楪根元曽我《ゆずりはこんげんそが》』が上演され、二代目団十郎の「矢の根五郎」が評判記で最高位の「極上々吉」となる。近松はこうした歌舞伎の荒事のイメージを借りながら、ヤマトタケルを人形に演じさせた。人形の変身にはからくりによるものと、人形そのものを変える方法があるが、おそらく『日本武尊吾妻鑑』の場合は後者であろう。

記紀神話や、それを継承した現代のスーパー歌舞伎のように白鳥として飛翔する美しい終わりではなく、江戸時代人の信仰心を背景にした最強の存在へと変身を遂げさせた。近松は、主人公をもはや人間の男と女を越えた、荒ぶる明王にしてしまったのである。三島由紀夫は『日本文学小史』において、「神人一致」の倭建命の「神人分離」の悲劇をもって時代の「文化意志」を代表させたというが(2)、近松はその「神人一致への回帰」を果たしたのかもしれない。

ヤマトタケルから『南総里見八犬伝』の犬坂（阪）毛野へ

敵を討つ計略としてのヤマトタケルの女装は、『曽我物語』の御所小五郎や『橋弁慶』の義経など多くの文学に引き継がれている。その系譜に連なるのが、曲亭馬琴によるベストセラー『南総里見八犬伝』（一八一四―一八四二）の犬坂毛野である。

七人目の犬士である毛野は、千葉家の重臣の側室腹で、父が馬加常武《まくわりつねたけ》と籠山縁連《こみやまよりつら》という佞臣たちに謀殺された後、ひそかに産み落とされた。だから、女田楽の一座に母子共に加わり、女児として育てられたのは、身に降りかかる難を避けるためであった。女装の理由や、敵の退治までずっと女として成長することなど、近松のヤマトタケルと共通する。その女装によって、馬加への仇討ちをなしとげるのは『日本書紀』のヤマトタケルと同じく一六歳で、艶妖《あでやか》な女田楽師旦開野《あさけの》と名乗っていた。酒宴の後に寝入った宿敵一家を単身で襲撃してことごとく討ち果たす対牛楼の仇討ちは記紀や近松作よりすさまじく、作品前半の山場の一つになっている。性社会史研究者三橋順子は、「双性力を最大限に発揮した毛野の姿には、血まみれの女装英雄ヤマトタケルを彷彿させる」(3)と表現する。髪を乱し、返り血を浴び、刃と首を提げて暗闇に現れる姿は凄絶なまでに印象的である。毛野の「双性力」は、『紀』をもとにした近松のヤマトタケルをさらにパワーアップさせた感があり、現代のアニメやコミックスの女戦士にも通じる魅力をもつ。

馬琴は『八犬伝』第六輯口絵賛に「避寃在胎変生剿仇」と記しており、無実の罪で殺されるのを避けるため胎内に滞ったこと、「変生」して仇をほろぼすことを読者に知らせている。男子に生まれながら、仇討ちのため女子に性を変えたことをいうのであろうが、通常「変生」とは女が男に生まれ変わることをいう。毛野の「双性」性は複雑なまでに周到に考えられている。

恋愛シーンも効いている。女装の犬士の相手は、もちろん男性である。馬加への復讐前夜、旦開野（毛野）は犬士のひとり犬田小文吾に疑似恋愛をしかける。同じ屋敷に軟禁されている小文吾が古今稀な勇士であるとの噂を耳にして、彼を助けたいと思ってのことであるが、小文吾の居所に忍び入って、かき口説く。だが、旦開野を馬加の回し者ではないかと疑っている小文吾は、容易に心を開かない。旦開野の殺し文句を現代語訳すると、

「どうせ叶わぬ恋なのなら、あなたの手にかかって死のうとまで覚悟して来たのです」「この花かんざしで馬加からの刺客を殺したのもあなたの為。ここまで尽くす誠の心が届かないのなら、はやく殺して！」

（第五六回）

刃に身を突きつける迫真の演技に、さすがの小文吾も心を許してしまう。毛野は小文吾の心底を確かめた上で助けようと思ったので、弄ぼうとしたわけではない。しかし小文吾は、脱出の手配まで申し出てくれた毛野に、感激のあまり、こう言ってしまう。

「あなたの助けで脱出できたら、これも天の定めた縁だろう。この身が落ち着いたならば、あなたを迎え取って妻にしよう」と。

読者は吹き出しながら、無骨で誠実な小文吾に親近感を抱くとともに、毛野にますます興味を持たされる。この場面における旦開野（女装の毛野）から小文吾への求愛は、『日本武尊吾妻鑑』で、侍女敷妙から神賢姫（女装のヤマトタケル）へのそれをひねったものと受け止めることもできよう。

小文吾の目から見た旦開野は、「男魂」があり、「心操《こころばえ》の雄々し」い、「侠気ある」少女である。女装の時にも中身は男として映っていたわけで、だからであろう、小文吾は毛野の正体を知っても傷ついた様子がない。こうしたところにも毛野の「双性」性がよく表現されている。

性差を超えて

毛野の変装は、少女だけではない。二人目の仇を探す際には、相模小猴子《さがみこぞう》という乞食少年に身をやつすが、肌の白さは透けて見え、その美しさは梅若丸や箱根の邈姑王《はこおう》（曽我の五郎）や鞍馬の遮那王（牛若）にもたとえられて、年上の乞食仲間からは念者になれと口説かれている。次には、前髪を剃り落とし、坐撃師《いあいし》物四郎を名乗って歯磨砂などを売っている。これに続く鈴ヶ森での仇討ち場面では、白布の四天の下に網衣《きごみ》姿、重革の脛当てに白鉢巻の出立ちで、白太刀と匕首《あいくち》、銃を携える。さらに、物語のクライマックスである関東合戦の折には水軍の参謀として活躍するが、その際には、赤岩百中と名乗る占師に扮して、敵将扇谷定正を罠にはめる。

変幻自在の変貌は、「智」の玉を持つ毛野ならではの頭脳の明晰さ、策士としての優秀さを示すものであり、他の犬士にはない魅力である。馬琴はこれを歌舞伎から学んだものであろう。千葉家の重臣の子息でありながら、毛野が扮したのはすべて、士農工商の枠外にある下層の身分である。このように、地位の高い人物が仔細あって賤しい身分に扮するのが、歌舞伎の「やつし（事）」であり、お家騒動ものには付きものの趣向である。ひとつの舞台で次々と衣装を替え、別人を演じ分ける変化ぶりは、役者の芸の幅を発揮して、観客の目を楽しませる。毛野は、女田楽師、少年乞食、居合師、仇討装束、水軍参謀、占師とめまぐるしく変化し、まさに歌舞伎の七変化を見せている。その中で女装の旦開野がもてはやされるのは、読者にとってもっとも魅力的であったからであろう。

近松はヤマトタケルを男女にとどまらず神仏として化現させ、馬琴は毛野を性や身分をめまぐるしく変化して登場させることで、両性具有をも超えた存在として描き得た。それを可能にしたのは、能や歌舞伎の神霊事、あるいは歌舞伎のやつしといった演劇的手法であった。

『南総里見八犬伝』伏姫をめぐる性の越境

毛野の対照としての信乃

馬琴は長編小説『八犬伝』を破綻なく緊密に構成するため、「稗史七法則」という七つの方法を考案している。そのひとつが「照応」である。

『八犬伝』には、犬坂（阪）毛野のほかにもうひとり、女装の犬士がいる。最初に登場し、「孝」の玉を持つ犬塚信乃である。信乃が女装で育てられた理由は、兄三人が早世したためである。当時は女子として育てれば無事に育つという俗信があり、母はこれに望みを託し、父も長寿を願って名をつけた。

信乃の母は、犬に乗った神女伏姫から玉を投げられた後に身ごもっている。その玉は、母が連れていた子犬が飲み込み、後に信乃のものとなる。子供の頃、馬の代わりに愛犬に乗って遊ぶ信乃の挿絵は、猛犬八房に乗った伏姫の姿と二重写しとなり、伏姫の分身であることが暗示されている。信乃には毛野とはまた別の意味で、重要なメッセージが託されている。このことは後で詳しく論じることとして、先に毛野との対照性を見ておきたい。

女田楽師一座の中で母に育てられた毛野に対し、信乃は女児の服を着せられても、男の子の遊びをして腕白に育っている。九つの時から長身で、武芸は教える父さえ舌を巻くほど上達が早く、才器勇悍な少年として育った。一八歳になった時は、身の丈五尺八九寸（一八〇センチ近い）の立派な丈夫になっている。身なりにかまわないところなども、完璧な美少女として登場した毛野とは対照的である。

恋愛についても、小文吾に言い寄って、プロポーズまでさせた毛野と対になる場面が設定されている。信乃には、大塚の叔母夫婦のもとで共に育った浜路という許嫁がいた。しかし、父の死後、遺言に従って、名刀村雨丸を亡き主君の弟に献上するために、大塚を旅立つことになる。その前夜、浜路は、もう会えなくなるのではないかとの思いを募らせ、信乃の枕元に忍び寄って、涙ながらに恨みを述べる。七五調の流麗な文章で有名な「浜路口説き」（第二五回）である。一部を現代語訳で記すとこんなふうである。

「許嫁とは名ばかりで、何の実質もないのですから、何をしに来たとおっしゃるのも無理はありませんが、いったんは親が許した夫婦ではありませんか。今夜限りの別れだと知らせて下さっても恥にはならないでしょうに、知らん顔をして、ただの一言も掛けずに出て行かれるなんて、あんまりです」

「あなたに誠の心があるならば、こういう理由で、自分はいつ帰れるかわからない、一緒に家を出ようとおっしゃったとしても、夫婦なのだから、誰も譏《そし》りはしないでしょうに。あまりにつれないと思うけれど、思うほど離れがたいのは女の誠です。振り捨てられて、恋い焦がれて死ぬよりは、あなたの手で刃にかけてくださいい。百年後にお目にかかるのを冥土で待っています。」

寝所に忍び入り、恋が叶わないなら殺してくれと迫るところなど、浜路の口説きは前章でみた毛野の激白と好一対であり、口説く毛野と口説かれる信乃と、主体と客体とが入れ替わった形である。そして、毛野に口説かれた小文吾がまんまと乗せられたのとは対照的に、浜路にここまで言わせた信乃は、叔母夫婦の思惑を語り聞かせ、「出世の門出を妨げるなら、我が妻ではない。前世の仇か」とまで言って、浜路を冷たく拒絶する。この色気のなさが読者には残念な点なのだが、これも毛野と対比させるためなら仕方ないだろう。

なお、残された浜路は、陣代と結婚させられそうになって自殺を図るが、その前に悪者にかどわかされて、斬り殺される。このままでは浮かばれないと考えたのであろう、馬琴は浜路を三年後に里見の五の姫に乗り移らせて再登場させ、さらにその四年後、戦後の論功行賞で、信乃と娶せて思いを遂げさせている。毛野の結婚相手は里見の七の姫、小波であった。八犬士のうちでふたりの妻だけ水に関係する名前を持つのも、女装の犬士をペアとして構想したことの表れのはずである。水は女神との関係が深いことも、作者馬琴が意図した仕掛けと言える。

伏姫の男性性

二犬士を「仮女子《にせをなご》」にした理由について、馬琴は次のように語る。

> かの玉梓は毒婦なり。しかるも牡犬《をいぬ》に生《なり》かはれり。伏姫は、賢女なり。その行状丈夫《をとこ》に勝れり。この因縁を趣向とせり。されば信乃は男子なれども、仮に女子に扮せしは、これ伏姫は女子にして、男子の気質あるを反復せり。この故に信乃をもて列伝の第一とす。且、出像《さしえ》には女子と見せて、男子にしたるが作為なり。（『犬夷評判記』中之巻）

毒婦玉梓が業因によってオス犬に生まれ変わったことは、賢女伏姫に男性的気質が備わっていることと一対だという。また信乃が男子でありながら女装をしているのは、伏姫が女子にして男子の気質があることを反復しているのであり、それ故に犬士列伝の最初に置いたと述べる。『八犬伝』をアンドロギュヌス（両性具有者）的物語という読み方を示したのは松田修[4]であるが、馬琴の言をみれば、それが物語の根本的構想に関わっていたことがわかる。

毛野の場合、男子でありながら女装し、「変生」していることを先に述べたが、これも伏姫のあり方に由来するものであった。伏姫は、自害しようとする前に、川辺で竜女成仏の『法華経』巻五「提婆達多品」を読む。これこそ「変生男子」のための経文であり、女人成仏の唯一の方法であった。これによって、伏姫は死後両性具有になったと理解することができる。

伏姫神となってからの男性的気質は、作品を通して数カ所に表れている。第四〇回で雲中に舵九郎を股裂にしてしまうところや、第一一三回で明珍の胸先を蹴飛ばすシーン（相手は一撃で倒れている）など、暴力的に悪者を退治する場面である。荒魂の発動ともいうべきこれらは、記紀のアマテラスがスサノヲの襲来に備えて男装し、大地を踏み抜き蹴散らかす荒々しいふるまいを規範としているのではないかと思われる。

神になる前、人間の女性としての最も男性的なふるまいは、切腹という死に方であるが、そこに至るまでの決断も男性的と言えるかもしれない。あらましは、次のようである。

里見義実の長女伏姫は、父の言葉の咎から、犬の八房に従って富山の岩屋で暮らさねばならなくなった。城が兵糧攻めにあった時、義実は愛犬八房に、敵将の首を取ってきたなら伏姫を与えると約束したからである。義実の言葉はもちろん戯れであったが、八房は姫を求めて暴れたため、義実は突き殺そうとする。それを制した伏姫は、父を諫め、八房について館を去る。共に暮らし始めた時に、もし八房が情欲を起こしたら自害すると諭して、法華経三昧の日を送るうちに、八房も読経に耳を傾け、伏姫と共に仏道に帰依するようになる。この情の「相感」により、伏姫は身に覚えもない妊娠をしてしまう。これを恥じて遺書をしたため、入水しようとする折しも、向こう岸から八房をめがけて銃弾が撃ち込まれる。伏姫奪回のため、八房を襲撃しに来た金碗大輔（後のゝ大《ちゅ》法《だい》師）の放った弾丸は、伏姫をも負傷させる。大輔が自害しようとしたところに義実主従が現れてそれを止め、姫に帰館を促すが、姫は拒む。そして、父なくして宿した子の正体を見極めなければ、自分の迷いも、人の疑いも晴れないと、守り刀を引き抜いて腹へ突き立て、真一文字に掻き切る。潔白を証明し終えると、鮮血にまみれた刃を抜き捨て、そのまま倒れ伏す。

その最期を馬琴は、「こころ言葉も女子には、似げなきまでに逞しき」（心も言葉も女子には不相応なほどたくましい）と記している。私見では、馬琴読本のもう一つの代表作『椿説弓張月』において、崇徳上皇の御陵の前で切腹して果てる為朝と対置させているようにも思われる。

伏姫の子生み

すでによく知られていることであるが、馬琴は伏姫の物語に、『捜神記』や『事文類聚』などに記載される中国古代説話を使用している。それは高辛子の娘と槃瓠《はんこ》という犬の話である。敵将軍の首を取る者があったら娘を娶せようと帝が約束したことから、娘が槃瓠について出て行ったところまで、ほぼそのままの運びである。ただし、典拠の槃瓠説話では、その後本当に夫婦となって六男六女を産んでいるところが大きく異なる。犬を祖先神とする中国上古の聖王の神話に対して、馬琴は人獣婚を避け、伏姫の懐胎をファンタジーにした。この点について馬琴がかなり慎重に考えたことは、『八犬伝』の愛読者で国学者でもある殿村篠斎とのやりとりからわかる。篠斎は、伏姫の一夜の夢に〈斑衣の美男〉が来て契りを交わすという趣向を予想していたが、馬琴がただ「気」が感通したというシンプルな趣向にしたことがじつに面白いと褒めた。すると、馬琴はこのように答えている。

たとえ夢の中であっても、「淫奔の会」があり、それで懐胎したというのでは、義女伏姫のためには大きな疵となる。だから、ここのところをどうするかは、まことに難儀の場というべきだった。

（『犬夷評判記』）

馬琴の道徳観が、安房の里見家という理想国の母としての伏姫を、賢女・孝女あるいは穢れなき「女神」として貫くため、それにふさわしい懐胎の形として選んだのが、「気」の感通という隠微な趣向である。

切腹した伏姫に宿っていたのは、むろん胎児ではない。傷口からは一塊の白気が閃き出て、姫が襟に掛けていた水晶の数珠を包んで虚空に昇ると見えるや、数珠はたちまちぷつりとちぎれて、一〇〇個の珠はつながったまま地上へ落ちる。空に残った八つの珠は、燦然として光を放ち、まるで流れ星のように飛びめぐると、八方に散り失せた。これらが、やがて八犬士として現れるのである。この場面の典拠のひとつが、明代の長編小説『水滸伝』である。『水滸伝』第一回では、洪信によって伏魔殿の封印が解かれ、のちに梁山泊の豪傑となる一〇八の魔星がほとばしる。ここから犬士の種である数珠玉が星のようにほとばしるシーンを思いついたとみられているが、『八犬伝』のこの情景を示す挿絵には、黒気の中に、子犬とも乳幼児ともつかぬものが「這い這い」する姿が白く浮かび上がっており、流れ星よりもリアルできわどさがある。

典拠としてのウケイ（誓約）神話

伏姫の懐胎と子生み場面のもうひとつの典拠に、記紀におけるアマテラスとスサノヲのウケイ神話がある。

乱暴なスサノヲは、姉アマテラスから国を奪う黒心《きたなきこころ》があるのではと疑われる。そこで互いの物実《ものざね》（大切な持ち物）を交換し、噛み砕いて吹き出した息の中から男女の子を生む。アマテラスはスサノヲの帯びていた十拳剣から三女神を、スサノヲはアマテラスが頭部や腕に巻いていた八尺瓊《やさかに》の五百箇の勾玉《まがたま》からアメノヲシホミミはじめ五男神を。五神のうち、アメノヲシホミミの子ホノニニギが、地上に降臨して王権を創設してゆくわけである。

この「気噴の狭霧に生まれる神」は、紛れもなく伏姫の傷口から立ち上って珠を包み込み、飛び散った「気」から生まれた八犬士に通じる。八尺瓊勾玉に該当するのは伏姫の数珠玉である。馬琴は、スサノヲの姉への思いを、伏姫に対する八房の恋慕に投影しているのかもしれない。スサノヲが心の清明を証明するためのウケヒは、伏姫が身の潔白を証明するために行った割腹に相当する。

ちなみに、アマテラスとスサノヲの子生みは、互いの最も大切な持ち物を交換して行われることから、男女の性的交渉をほのめかしているという解釈が古くからあった。しかし、吉田神道の奥義に両神の交合があることを聞いた保科正之（会津の藩祖、山崎闇斎や吉川惟足に師事）は「日神の御徳義を潰し申すこと」と涙を流して嘆いたと言い、本居宣長（『古事記伝』著者）もまた、「よりどころもなき妄言《みだりごと》なり」と、これを批判している。曰く、

「あきらけき古への伝言《つたえごと》を信《うけ》ずしておのが私の推測は何事ぞ。必ず夫婦交合《あは》ざれば、子は成らぬものと思ふは、神の道の奇霊《くしき》を思はで、よのつねの理に迷へるなり。」(5)

と。儒教に支えられた近世の神道は、皇祖神アマテラスから性的交渉を遠ざけ、水戸学派の影響を受けた馬琴も(6)、伏姫からそれを忌避した。

馬琴は伏姫懐妊の謎について、役行者の化身である童子にこう説明させている。

「夫《それ》物類相感の玄妙《たへ》なるは、只凡智をもて測るべからず。……物は陰陽相感せざれば、絶て子を生ことなし。但草木は非情にして、松竹に雌雄の名あり。さはれ交媾《まじは》るものにあらず、これらも亦よく子を結べり。加以《これのみならず》、鶴は千歳にして尾《まじは》らず、相見てよく孕むことあり。」

〔そもそも物類相感の幽玄で微妙なことは、ただ凡人の智恵では推測できないことです。……物は、陰陽が互いに感じなければ、決して子を生むことはありません。ただ、草木は非情のもので、松竹には雄雌の名がありますが、とはいっても交尾するものではないのですが、それでもまた実を結ぶことができます。それだけでなく、鶴は千年生きても交尾しませんが、互いに見るだけで孕むことがあります。〕

（第一二輯巻之一、第一一二回）

「物類相感」というのは、男女・雌雄の通い合いが物理的な形に限定されないことを言っている。陰陽二元論は『八犬伝』全編を司る思想であり、「陽は必単《ひとり》立ず。陰は必独《ひとり》邁かず。是をもて物に配偶あり、事に対応あり。」（第一一九回）とも記す。陰陽は必ず対になるのである。八犬士についても、信乃・毛野は「陽中の陰」で、他は「純陽」と述べる（九輯巻之五二）。馬琴は神・道・儒・仏の世界すべてを小説に投入しているが、これらの世界を超えてあるのが玄妙な陰陽の観念である。中国渡来の神秘思想は、記紀の根本をなす概念であったが、それがとりわけ中近世の『日本書紀』神代記注釈書で重視されるようになったことが、伏姫懐胎の趣向にも影響を与えているように思われる。

伏姫を形成するイメージ

死後に神となった伏姫は、次々と犬士たちを引き合わせるが、幼少であった親兵衛は、いったん神隠しをして自身の手元に引き戻す。その間に養育係となった音音、単衣、単節の三女子は、アマテラスが生んだ宗像三女神に匹敵するのであろう。親兵衛には母子信仰神の御子神、あるいは聖徳太子の面影が指摘されてもおり、天から里見家宗主を救うため颯爽と登場する姿には、天から遣わされた御子としての威厳がある。伏姫と親兵衛には、やはりアマテラスと天孫ホノニニギを見るべきであろう。馬琴の『玄同放言』には、『古事記』の天孫降臨の際、魚類が天神の御子に奉仕した故によって、後の人臣が名を魚介類に取っているものの多いことを説明しているが、『八犬伝』の脇役の多くも魚介類にちなむ名を有している。馬琴が日本神話に基づいた建国神話として小説を構想したことは間違いない。それを支えながら、伏姫の導き手として小説を展開させているのが、霊峰富士山とその開基としての役行者への信仰である。伏姫が八房とともに籠もった富山が富士山を意味することを指摘したのは信多純一である(7)。『八犬伝』が各所にわたって仮名草子『富士山の本地』を活用し、受容・消化したことが示されたことで、馬琴の意図が明らかになった。『富士山の本地』前半には、北天竺の皇女金色姫が、死後筑波権現、富士権現として垂迹するという本地譚と、かぐや姫（原文では「かゝやく姫」）の伝説が記されている。そのうち、伊豆に配流された役行者が毎夜富士山の絶頂に登ったという縁起や、富士山創成時に山頂から五色の玉が雨の降る如く降ってきたこと、その玉に小さい穴があったという記述などに、『八犬伝』の伏姫と役行者との関係や、犬士誕生の場面への影響がうかがわれる。さらに、山の洞に捨てられた金色姫の夢に亡き母が現れて不老不死の薬を渡し、日本の蓬莱山に納めよと教訓した後、観音に化現して金色の獅子に乗って去るところなど、挿絵にも伏姫の八房騎乗図そっくりなものが描かれる。これら金色姫との類似性から、富山の観音に化現する伏姫は、富士山に祀られる富士姫（＝観音）であり、祭神コノハナサクヤビメ（木花開耶姫）であり、それ以前から富士山の祭神であったカクヤヒメ（赫夜姫）にも同定できる。なお、浅間権現の本地は大日如来であり、天照大神（またはその幸魂《サキミタマ》である千眼大天女）であることも付け加えておこう。(8)

馬琴は伏姫誕生時の美しさを「竹節から生まれた少女」にたとえているし、かぐや姫が結婚を拒否して昇天したように、伏姫も夫を持たずに亡くなった。『八犬伝』中の重要人物や名刀に竹の縁語が多いことも、竹取伝説との関係を匂わせたい馬琴からのメッセージであろう。また、コノハナサクヤビメは、天孫ホノニニギの妃であるが、一夜孕みのために貞操を疑われ、火中出産によって、生まれた子が天神の子であることを証明した。命を賭けた出産で無実を証明する伏姫との類似性がある。出産にまつわるタブーという点においては、トヨタマビメ（豊玉姫）のイメージが写されているとする小谷野敦の説[9]もある。竜女と結びつく弁財天も重要である。信乃ら三犬士が庚申塚で処刑寸前の荘助を救出する際に王子権現の神箭を用いているが、王子権現の三〜四丁西には松橋弁財天があった。『江戸名所記』巻之五に描かれる窟《いわや》の図は、まさに伏姫が籠った富山を思わせるものがあり、その中には弘法大使の作と伝えられる弁財天像が祀られていた。伏姫の本体としては、ほかにも高田衛[10]が指摘した文殊菩薩（八大童子を周囲に配する両性具有の唐獅子騎乗図）をはじめ、西王母や山姥、これらすべての属性を備えるものとして諏訪春雄[11]が提唱する地母神（吉野子守明神など）など、多様な説が提出されているが、それぞれに連関するところがあり、いずれも広く認められている。『八犬伝』は神話・伝承を縦横に織りなした作品で、単一の物語、ひとつの世界、一本の軸だけで構想されたものではない。伏姫は多数のイメージが習合された女神である。

越境する性の源

板坂則子の研究によれば[12]、馬琴の戯作において「性の越境」が大きく扱われたのは草双紙が中心であり、読本にははるかに少ない例しかない。信乃や毛野は、その希少な例である。（もちろん、単に男性を凌ぐ強い女ということなら、これでもかというほど悪事を続ける船虫や、明珍狸、伏姫と対になる玉梓がいる。）しかし、二犬士の女装は、少年期までの姿であり、トランス・ジェンダーという言葉が連想させる揺らぎや危うさが全くない。それに対して伏姫は男装さえしないものの、女性としてのあり方を逸脱していることを見てきた。その象徴が、猛犬八房に騎乗した神女伏姫の図像（図1）である。八房と宙を疾駆するこの図ほど、妖しさと神聖さ、猛々しさと慈悲深さの両極を見せるものはない。作例の多い男神の騎馬像に比べて、凶暴な獣と女神の取り合わせは異形である。馬琴はそれをあえて狙い、『開巻驚奇侠客伝《かいかんきょうききょうきゃくでん》』でも白狼に乗る九六媛《くろひめ》を登場させ、神話的世界を内包させて物語を進行させる。

このことで新たに気づいたのは、茶吉尼天《だきにてん》像との類似である。狐に騎乗する茶吉尼天像は、中世以降の作例が知られている。そのうち比叡山明徳院に伝わるものは、蓮華座に腹這う狐に座る茶吉尼天と眷属、それに護法童子が描かれた曼荼羅であり、高田が伏姫と八犬士のモデルであることを指摘した八字文殊菩薩像との類似が認められる。また、最も流布していると思われる大狐に乗って飛来する茶吉尼天

図1　『南総里見八犬伝』二輯巻三所収図（信多純一蔵）

図像（図2）は、唐服を着用する天女で、宝剣と宝珠を持っている。珠を持つ伏姫像のイメージを喚起するに十分ではなかろうか。ヒンズー教において人肉を食べる夜叉の一種であった荼吉尼天は、真言密教で稲荷神と習合し、また原型に弁財天があるとも言われる護法女神である[13]。役行者も真言密教の呪法を修め、神仙術を行う修験であった。馬琴の構想に密教的世界観が大きな役割を果たしていることは確かである。

図2　吒枳尼天
『仏像図彙』1783年版

おわりに

立ち返って、近松のヤマトタケルの示現である不動明王も真言密教の尊像であった。しかも、近松がイメージを借りたと思われる『成田山分身不動』で金剛界の不動に変身するのは空海であり、両界の不動の中央には、獅子に乗る女神の文殊菩薩が描かれている。近松と馬琴、和漢の典籍から自在に素材を繰り出す作者たちの発想の源には、こうした密教的神仏の図像がある。それは性を超え、時空を超えて、壮大な世界観と共にこちらへと向かってくる。

本文

新編日本古典文学全集『日本書紀』（一）、小学館、一九九四年。

新編日本古典文学全集『古事記』小学館、一九九七年。

『近松全集』（十一）、岩波書店、一九九六年。引用に際しては漢字を当て、句読点や鉤括弧を施した。

『南総里見八犬伝』（一）（二）、岩波文庫、一九九〇年、現代語訳は私に付した。

『犬夷評判記』は、中野三敏『江戸名物評判記集成』岩波書店、一九八七年および高田衛注（10）を参照した。

注

（1）『近松物語―埋もれた時代物を読む』新潮社、二〇〇四年。
（2）信多純一「三島由紀夫『日本文学小史』と馬琴」ノートルダム清心女子大学『キリスト教文化研究所年報第二七号』（朝倉瑠嶺子『馬琴　椿説弓張月の世界―半月の陰を追う―』八木書店、二〇一〇年に再録）。
（3）『女装と日本人』講談社現代新書、二〇〇八年。
（4）「幕末のアンドロギュヌスたち」『闇のユートピア』新潮社、一九七五年。松田は、信乃と毛野を「進んで両性具有的中性美をみせる者」とし、彼らが成人すると共に美少年性を喪失してゆく代償として設定されたのが、大江親兵衛であるとする。
（5）佐藤正英『古事記神話を読む』青土社、二〇一一年より引用。

(6) 久岡明穂「「虬の珠」と「三種の神器」―『椿説弓張月』論―」日本近世文学会春季大会、二〇一二年六月。

(7)『馬琴の大夢　里見八犬伝の世界』岩波書店、二〇〇四年。

(8) 竹谷靭負「古伝の「富士山縁起」に見る富士山祭神の諸相―地主神・不動明王と垂迹神・天照大神の幸魂千眼大天女を中心に」『富士山文化研究』二〇〇五年。

(9)『八犬伝綺想』第一章「竜の宮媛」福武書店、一九九〇年。『八犬伝』第一四に白竜が出現、房総が「皇国《みくに》の尽処《はて》」に現れた「神物《かみつもの》」であることが説かれた後に「卯の葉葺《ふき》ける浜屋」に「竜の宮媛」が通ったことを詠む歌が置かれていることによる。

(10)『完本　八犬伝の世界』ちくま学芸文庫、二〇〇五年。

(11)「『南総里見八犬伝』の世界」諏訪春雄・高田衛編著『復興する八犬伝』勉誠出版、二〇〇八年。

(12)『曲亭馬琴の世界―戯作とその周縁―』笠間書院、二〇一〇年。

(13) その上、鎌倉末期の『天照太神口訳』には、アマテラスの本地はダキニ天であると記されている（阿部泰郎「宝珠と王権―中世王権と密教儀礼」『女と男の時空Ⅱ』藤原書店、一九九六年）。そのほか、例えば太秦の木嶋神社ではコノハナサクヤヒメが稲荷と同一視されることの多い保食神と共に祀られていることなども、伏姫と荼吉尼天のつながりを補強するのではないか。

第Ⅱ部　異文化理解としてのトランス・ジェンダー

〈中国〉男女のイメージとそのゆらぎ

蒲　豊　彦

はじめに

清末の中国南部で活動していた宣教師のなかに、アデル＝M＝フィールド（一八三九～一九一六）というアメリカ人独身女性がいた。ニューヨーク州のイーストロドマンで五人兄弟の末っ子として生まれ、父親はペンキ屋兼大工である。州立の教師養成カレッジで学んだのち、一八六六年にシャム（タイ）へ渡って宣教師として働きはじめた。そのころ、独身女性宣教師は世界中でも一二名ほどしかいなかったという。その後、一旦アメリカに戻ったのち、一八七三年からは活動の場を中国南部に移し、一八八九年に宣教師の職を辞すまで、そこで働いた。

宣教師の重要な仕事のひとつに、地方の巡回がある。一八七七年の一〇月下旬、フィールドは同僚でやはり独身女性宣教師のメアリー＝トンプソンとともに、一一日間の巡回旅行にでかけた。そこで立ち寄ったある村は、外国人が訪れるのははじめてで、住民が全員、フィールドたちを見に出て来たという。また大勢の人が、くたびれるまでフィールドたちについて回った。そこでよく出てきた質問が、ふたりは「男なのか、女なのか」であった(1)。

これは、フィールドとトンプソンがことさら男性的な容貌だったということではない。一八九四年一一月一日、おなじく同地方で、ある大きな町にケンプ宣教師夫妻が新しく赴任した。ふたりが船を降りると、例によってたちまち観察と注目の対象となる。そのとき町の住民たちをまずなやませたのは、またしても、ケンプ夫人が「男なのか、女なのか」、という疑問だったという(2)。

これらのエピソードは、きわめて単純なことを意味しているにすぎない。中国人のもつ女性イメージが、アメリカ人女性の姿と合致しなかったということである。それでは、そもそも中国では女性を、また男性をどのようにイメージしてきたのだろうか。そして生物学的には女またはは男であるにもかかわらず、あえて男または女の姿に近づくような、すなわち性的イメージのゆらぎや越境は、どのように行われたのか。

中国ではこうしたイメージのゆらぎは古くから存在したが、突出した個人についてではなく社会的風潮としては、魏晋南北朝時代の男性の女性化と、唐代の女性の男装が、わりあい初期の事例としてこれまで注目されてきた。本章は、唐ごろまでに時期を限定して、古代以来の男女のイメージをたどりながら、このふたつの風潮をその背後で一貫して規定しているものを探ろうとする試みである。

男女之別

中国では、男女の違いが意識されていた痕跡を、かなり古い史料にまで遡って確認することができる。まず、新石器時代後期以降の遺跡では、埋葬の仕方に男女で違いがみられるようになるという。女性の墓からは、よく縫い針や糸紡ぎの道具がいっしょに出土するのだが、男性の墓からは編鐘や武器が現れるのである。(3) 編鐘というのは、大小の鐘を並べてつるし、打ち鳴らす楽器である。さらに、その後に出現したと思われる漢字を見てみると、その語源についての一般的な解釈では、そもそも「男」という文字は、「田」は区画された耕作地もしくは狩猟地を、また「力」は腕の形をかたどっているとされる。また「女」は、甲骨文字にまで遡ってみるとよくわかるが、両腕を体の前で交差させて跪く人の姿であり、控えめで弱々しさを感じさせる形象となっている。

男性の墓から楽器が出土することの意味については別に考えてみなければならないが、女性の墓から出土する縫い針や糸紡ぎの道具と、「男」という漢字の解釈には、非常に興味深いものがある。このふたつを合わせせると、まさに「男耕女織」という中国の四字熟語そのものであり、また、織姫と彦星の伝説をも連想させる。このふたつの星は、紀元前数世紀の詩を収めた中国最古の詩集『詩経《しきょう》』のなかにすでに見え、そこでは「織女」と「牽牛」という名前になっており、この牛は耕作用のものだろう。

さらに時代を下ると、前漢の時代に、周末（周は紀元前二五六年に滅亡）以来の儒者の礼にかんする説が収集、整理され、『礼記《らいき》』という書物が作られるが、ここでいよいよ分業よりも本質的な部分で、男女そのものの区別が明文化されることになる。たとえば、「親族に親しみ、目上の者を尊重し、年長者を敬い、男女には区別があるということは、変革してはならないことである」とされる（『礼記』「大伝」）。長幼の序や尊卑の別とともに、男女の区別もまたけっして変えてはならない理（ことわり）だというのである。また「礼は夫婦のあいだの区別を慎むことから始まり、家の部屋は内外を別にし、男子は外に、女子は内にいるようにし、……」とあり（同「内則」）、たとえ夫婦であっても内外を分けていた。ちなみに日本でよく知られている「男女七歳にして席を同じゅうせず」という言葉も、やはり『礼記』「内側」の「七年、男女不同席、不共食」に由来している。

「女らしさ」の登場

男女の古くからの分業については前述のような史料が残るが、それでは男女の容貌や姿については、どのような記録が残されているのだろうか。これについては、まず女性の美しさの描写が先行して現れ、たとえば『詩経』のなかにこのような部分がある。「……肌は凝脂、……歯は瓢の種のようで、蟬のような額に蛾の眉、にっこりすればえくぼがこぼれ、美しい目はくっきりとしている」（「衛風・碩人」）。「蟬の額」とは額が広いことをいい、当時、額が広いのは美人とされていた。この詩は、他国へ嫁ぐ貴婦人を詠ったものとされるが、ここには、そののち女性の美の基準となるものがすでにいくつか挙がってきている。これに、戦国時代の文献をさらに重ねあわせると、中国の美女の典型的なイメージである明眸（明るい瞳）、蛾眉（蛾の触角のように細く弧を描いた眉）、皓歯（白い歯）、朱唇（赤い唇）、柳腰（柳の枝のように細くしなやかな腰）、凝脂（固まった脂肪のような白くつややかな肌）などが、すでに紀元前に成立していたことがわかる。

戦国時代の楚の人とされる宋玉は神女を、「瞳は明るく澄んで輝き、……眉は細長く曲がって蛾のように伸び、赤い唇は丹のようだ」と描き（『文選』「神女賦」）、またおなじく戦国時代の楚の歌謡を集めた『楚辞』では美人を、「皓歯」、「豊肉微骨」、「蛾眉」、「曲眉」、「小腰」、

「粉白黛黒」等々の言葉を列挙して描写する（「大招」）。また「楚の霊王が細い腰を好んだため、国中で多くの人が餓死した」といった逸話も存在する（『戦国策』「楚策」）。なお女性の美にかんする典型的な描写を集めると、このように楚にかんするものが多くなるが、その理由については不明である。

つぎに服装について見てみよう。(4) 中国の歴代の服装は、上下を分けるものと、ひとつながりになったものに大別できるが、西周以前は上下を分けるものが基本で、上の服を「衣」、下につけるものを「裳」といい、この服装には男女の区別がなかった。春秋戦国時代になると、一転して上下がひとつに連なった「深衣」というものを、やはり男女ともによく着たとされる。上はぴったりとしているが下はゆったりとし、くるぶしか、あるいは地面に届くほど長い場合もある。これを体に巻き付けて帯を締める。日本の和服に近いものだったようだ。ただし、野外で農作業などをする者までがこのような服装をしていたとは考えがたく、これら記録に残されたものは、おもに上流階級の服装なのだろう。

つぎの秦漢になると、依然として男女の服装には大きな違いがないものの、女性の間で「襦《じゅ》」と呼ばれる短衣に、「裙《くん》」という一種のスカートを履くことが行われはじめる。この「裙」は馬王堆漢墓からも実物が出土しているが、全体としては日本の前掛けのような構造になっており、襞のついた幅の広い布で、両端の上部に紐がついている。「裙」を腰にまきつけ、この紐を結んで固定したのだろう。その後、この「裙」がもっとも女性らしい服装として発展していくことになる。ただし、つづく魏晋南北朝の時代になっても、女性と男性の服装はある程度の共通部分を残していた。

やがて隋唐から五代にいたると、女性の一般的な服装は、「襦、衫《さん》」と「長裙」を組み合わせたものになる。これには貴賤の別はなく、ただ材質が違うだけだったとされ、女性の間でかなり一般化した服装になっていたと思われる。「衫」は上下がひと連なりになったもので、おもに夏服として用いられた。これら襦と衫は男性も着用するものであるが、裙は基本的に女性しか履かず、したがって隋唐五代に女性の服装として「襦、衫」と「長裙」の組み合わせが一般化したというのは、男性とは区別された女性らしい服装がようやく現れたもの、と解釈してよいだろう。なお服の色については、各種の服飾史であまり言及されておらず、はっきりしない。

化粧については、「士は己を知る者のために死に、女は己を喜ぶ者のために容貌を整える」(『戦国策』「趙策」)という有名な言葉があるように、服装とは違って、かなり古くから女性特有のものとして発展してきた。(5) 最初に現れた重要な化粧品は白粉だったようである。春秋と戦国の境ごろに使われはじめ、もともとは米粒をすりつぶしたものか、あるいは鉛を原料にして作られた。眉を描くこともすでに秦以前から行われ、秦漢のあいだにかなり普及してゆく。最初は青石という鉱物を使ったという。頬紅は匈奴《きょうど》地区から中国へ入ったと考えられている。原料自体が西方の甘粛省で産出し、したがってその流行は、前漢の時代に西域との交通が開け、いわゆるシルク・ロードが形成されはじめて以降のこととなる。そのほか、現在まで継承されている化粧法として、口紅がやはり漢代前後から現れたようである。これ以外に、現在ではもう見られなくなったものとして、顔料や金箔などで顔面に小さな文様を施す「面靨《よう》」や、額を黄色く塗る「額黄」などもあった。

魏晋南北朝の美しい貴族たち

こうして、女性らしい容貌、女性に特有の化粧、そして女性らしい服装が、隋唐五代ごろまでには出来上がってくる。ところが、その直前の魏晋南北朝時代に、こうした女性らしさを横取りするような事件が起こった。女性的な美しさを備えた男性が、突如としてつぎつぎに出現したのである。もっとも有名なのは、何晏《かあん》だろう。そのエピソードは、つぎのようなものであった。

何晏は姿が美しく、顔がいたって色白だった。魏の明帝は白粉を塗っているのかと疑い、真夏の日に熱いウドンをあたえてみた。食べ終わると大汗が出る。何晏が赤い衣でみずから汗をぬぐうと、顔の色はさらに白く輝いた。

（『世説新語』「容止」）

また詩人としても後世に名を残した潘岳《はんがく》は、

容姿がきわめて美しく、独特な風情があった。若いころ、はじき弓を持って洛陽の通りに出ると、出会う婦人たちはみな手をつないで取り囲んだ。

（『世説新語』「容止」）

潘岳は、やはり美男子の夏侯湛《かこうたん》といっしょによく出歩いたが、人々はふたりを「連璧」だとうわさした（『世説新語』「容止」）。現代の研究者のなかには、これを男性による「女装」の一種と考える人たちもいる。たしかに、「何晏は婦人の服を着ることを好んだ」と記す史料があり（『宋書』「五行志」）、魏の明帝もまた女性の服を着ることがあり（『宋書』「五行志」）、三国志で有名なあの劉備でさえ「衣服を美しく整えていた」とされる（『三国志』「蜀書」）。また化粧については、「何晏は自己愛的な男で、いつでも白粉を手から離さず、歩きながらも自分を顧みていた」（『世説新語』「容止」が引用する『魏略』）とされ、また南北朝末から隋にかけて生きた文人・顔之推は、家訓書である『顔氏家訓』のなかで「服には香を炊きこめて顔を剃り、白粉をぬり紅をさし、……」と、貴族の子弟を批判している（『顔氏家訓』「勉学」）。これらはいずれもほぼ同時代史料であり、魏晋南北朝の貴族たちは、おそらく実際に化粧もし、女性的な服を着ることもあったのだろう。

しかし、この話題にかんするもっとも重要な文献はやはり『世説新語』であり、この時代の美男子についての逸話を集中的に収集しているのも、この書物である。『世説新語』とは、魏晋南北朝時代なかごろの宋代に劉義慶が編輯した、さまざまな人物の逸話集である。そしてそこでは、ぬぐっても取れない何晏の「色白」や、潘岳や夏侯湛の「連璧」からも分かるように、化粧や服装ではなく、身体そのものが備えている輝くような美しさが話題とされている。『世説新語』「容止」篇から、もう少し例を挙げてみよう。

王夷甫は容姿が端麗で、……白い玉の柄がついた払子《ほっす》をいつも持っていたが、手と区別がつかなかった。

当時の人々はこのように考えた。夏侯玄は晴れ晴れとした人間で、月日が懐に入ったかのようだ。……

裴楷《はいかい》は姿がすぐれ、たとえ冠をとり、粗末な服を着て、頭を乱したままでも、いずれも美しかった。そのころの人々は、玉人だとした。かれを見たものはこのように言った。裴楷を見ると、玉山の上を行くようで、光が人を照らす。

杜弘治を見た王羲之は感嘆した。顔は凝脂のようで、目は漆を点じたようだ。これは神仙のなかの人だ。……

潘岳と夏侯湛が「連璧」とされたように、男たちの美しさを玉《ぎょく》に喩えている点が目につく。後漢末ごろのごく初期の五言詩とされる「古詩十九首」にも、「燕趙には美人が多く、美しいものは、その顔は玉のようだ」（『文選』巻二九）とあるように、これは服装ではなく容貌をいい、また右に最後に挙げた「凝脂」は、すでに紹介したように女性の体の美しさを描写する常套句のひとつである。服装ではなく、このように容貌や体自体が注目されたことには一定の意味があったと思われるが、この点については次節で論ずる。

それでは、この時代になぜこのような、男性のある種の女性化が起こったのか、その原因については判然としない。ただ、魏晋南北朝期が貴族制の時代だったことが関係しているだろう。そのため文学もしだいに技巧に流れ、美文がもてはやされるようになる。

一方、男性のイメージ、つまり「男らしさ」はどのように考えられていたのだろうか。『世説新語』では、嵇康《けいこう》が「身の丈七尺八寸で、姿がとくに秀でていた」とあるほか、鋭い眼光、キリッとした眉などが取りざたされているのみである。七尺八寸は一九〇センチほどと推定される。逆にことさら貧相なことをいう記事が『世説新語』のなかに四件あるが、そのうち二件は背の低さを、またほかの二件は病弱な体つきを問題にしている。これらから考えて、背が高くて立派で、また顔立ちに引き締まったところのある点が、ひとまず男の姿の美点とされていたようである。ただし、『世説新語』に限らず、より後世にいたっても「男らしさ」のイメージは、なかなか女性の場合のようには焦点を結ばない。

これはおそらく、女性が長いあいだに渡って男性から一方的にその容姿を「見られ」、「評価される」客体の地位にあったことを物語っているのだろう。しかもさまざまな物事を記録して文章化するのは、基本的に男性である。

唐代女性の男装

さて、さらに時代が下って唐に入ると、注目すべき社会的風潮として、今度は女性の男装が出現する。たとえば、よく引かれる史料にこのようなものがある。

貞観年中〔六二七〜六四九〕は、宮女が馬に乗ってでかけるときはよく「冪䍦《べきり》」をつけて全身を覆った。……開元〔七一三〜七四一〕のはじめには、宮女たちは馬上で胡帽をかぶり、美しく化粧した顔を露わにし、役人や庶民の家もみなそのまねをした。天宝年中〔七四二〜七五六〕にいたると、士人の妻が男の靴、衫、帽子をつけ鞭をたずさえ、男女が同じになってしまった。　　　　　　　　　　　（『中華古今注』）

「冪䍦」とは、薄くて軽いガーゼ状の布でできたかぶり物だが、全身を覆うことができ、他人から見られるのを防ぐ意味があったという[6]。ただ、手で前を開くことができた。全体としては現在のイスラームのベールのようなものだったと想像されるが、やはりもともとは西域のもので、風沙を防ぐために男女ともに使用していたという。唐代の女性の風俗に言及したこの一文は、最初そのようなベールをかぶって外出していた宮中の女官たちが、しだいに開放的になって姿や顔を人前にさらしはじめ、一般の女性もそれにならっただけでなく、さらには男の物を身につけるようになったというのである。また高宗が宮中で宴を開いた際には、娘である太平公主が、「紫の衫、玉の帯、黒い薄絹の折上巾」に「紛礪《ふんれい》七事」をつけて高宗のまえで歌舞を舞ったところ、高宗と皇后が、「女子は武官になれないのに、なぜこのような服を着るのだ」といって笑ったという（『新唐書』「志・五行」）。「冪䍦」が唐代を代表する女性のかぶり物だったのにたいして、「折上巾」は別名「幞頭《ぼくとう》」という頭巾であり、こちらのほうは唐代の男性の代表的なかぶり物だった[7]。また「紛礪七事」は刀そのほかの七つの飾り物で、本来は武官の吊すものとされる。このほか絵画では『虢《かく》国夫人游春図』や『紈《がん》扇仕女図』、また墓の壁画にも男装の女性を描いたものが数多く見られるという。

女性のこうした男装も、また魏晋南北朝時代の女装も、じつはそもそも礼の規範から逸脱するものであった。たとえば『礼記』は「男女は井戸をいっしょには使わず、浴室をいっしょには使わず、寝るためのゴザを共用せず、物を貸し借りせず、男女は衣服を共用しない、……道は、男子は右側を、女子は左側を通る」（「内則」）と規定している。そしてその後、礼から外れた異装は五行の流れをみだす「妖服」とされるようになり、『晋書』も何晏の例を「五行志」の「服妖」の項目に収め、「何晏は婦人の服を着て、やはりその家を亡ぼした」と断じている。「家を亡ぼす」とは、何晏が最後に反逆罪で刑死したことをいう。上記の太平公主の事例も『新唐書』「五行志」の「服妖」の部分に見え、「服妖に近い」とされているものである。

唐代に礼の規範を無視して女性による男装が流行した原因については、西域の異文化の流入、当時の尚武の気風、女性の意識の向上、秩序を重んじる儒学にたいしてある種の平等観を内包する仏教の影響、などが指摘されているが、一番直接的な要因は、唐代の男装にかんしてもっともすぐれた論文を書いている栄新江が指摘するように、やはり西域風俗の影響だろう(8)。当時の長安では、食べ物、服、化粧、音楽、遊戯などさまざまな事物が西域から導入され、非常に流行していた。たとえば、「開元以来、……太常の音楽は胡曲を尊び、貴人の御膳にはすべて胡食を供し、男も女もなんとみな胡服を着た」とされる（『旧唐書』「輿服志」）。太常とは儀式を扱う官吏である。栄新江によれば、女性の男装にかんするもっとも初期の史料は、現在のところ貞観十七年の長楽公主の墓から出土した騎馬俑だが、西域の、とくにソグド人の中国への流入が貞観年間に最高潮に達していることがその背景にあると推測できるという。

ここで、女性の服装の変遷について記した『中華古今注』の一文に戻れば、そもそも乗馬は騎馬民族のものであろうし、「冪䍦」や「胡帽」も西域由来である。南北朝期の寺院について著された書物に、楊衒之《ようげんし》『洛陽伽藍記』がある。基本的には洛陽にあった寺院の記録だが、他地域にも説き及んでおり、そのなかで「于闐国」の風俗について、「婦人がズボンをはいて衫を着て帯をしめ、馬に乗って駆けてゆくが、それは男と変わらない」と記す（巻五「城北」）。「于闐国」はかつて西域にあった国で、現在の新疆ウイグル自治区ホータン地区に相当し、ソグド人が住むサマルカンド周辺とともに、「胡人」の典型的な出身地である。長安の女性たちは、栄新江もいうように、まずはこうした胡人の女性をまねたのだろう。ただ、その流行は乗馬や胡服にとどまらず、男装にも向かうことになった。

男の容貌、女の服装

栄新江は男装の実物史料として、墓の壁画や副葬品の俑《よう》（陶器の人形）などを二九件収集して、分析を試みた。だがこの研究方法には疑問がひとつある。女性が男装をしているのなら、なぜそれが女性だと分かるのか。栄はこのように説明する。頭巾や服装の各種特徴から、「こうした姿は、はじめて見る時は男性だと考えられやすいが、しかしその服装のあざやかな色、髷あるいは頭巾の下のほつれ毛、長い上着のしたにのぞいている模様つきのズボンや女物の線鞋、人物の顔の柳のような眉と細い目、小さな口に赤い唇、顔に施された薄い白粉、さらにその姿、動作、持ち物などの様子から、その女性としての特徴を見いだすことができる」。「線鞋」は、開元以来、女性がよく履いたとされる簡便な靴である（『旧唐書』「輿服志」）。さらには、この研究から明らかになるこうした特徴にもとづいて、伝世品として知られてきた『虢国夫人游春図』や、また敦煌莫高窟壁画などにも、たしかに男装の女性が描かれていることが確認できるという。

唐代の男装女性は、男性的な服装で身を包んだのみで、自分たちが女性であることを隠そうとはしておらず、またその容貌が男性的だったわけでもない。さきに検討した魏晋南北朝期の美しい男性とくらべてみるとき、非常に対照的な位置関係にあるといえよう。魏晋南北朝期には、服装ではなく持って生まれた容貌やまた雰囲気が話題とされ、そこで使われた判断の基準は、もともと女性の容貌の美しさを表現するためのものであった。一方、唐代では、女性が服装面で男性側に越境することによって、いわばファッションと自由の領域を広げ、おしゃれを楽しんだのだろう。

研究者のあいだでは従来、魏晋南北朝期と唐代のこれらの現象はまったく別個に取り扱われ、その内的関連が問われることはなかった。だが、本章前半で検討してきたような、中国における「女らしさ」や「男らしさ」の歴史を念頭に置いてみるとき、対照的な現象がまるで入れ替わるように現れたことには、やはり一定の意味があるように思われる。

すこし整理してみよう。中国では、理想的な女性のイメージがすでに紀元前からいち早く現れ、それは明眸、蛾眉、皓歯、朱唇、柳腰、凝脂などと表現された。化粧法もおなじように早くから存在したが、なかでも古い歴史をもつ白粉や黛、またやや遅れて中国に入った口紅などは、まさにこうした女性イメージをさらに強調する役割を果たしたことだろう。これにたいして、あるべき男性イメージはなかなか現れず、また服装の男女差がはっきりしてくるのも、ずっと後代になってからである。本章では、服装の男女差がそれなりに明確化するのは、「裙」（スカート）の着用が一般化する隋唐以降であろうと、ひとまず仮定した。

魏晋南北朝期は人物評がさかんで、それが「九品官人法《きゅうひんかんじんほう》」として制度化され、官吏登用に使われることにもなるような時代だった。その際に重視されたのは教養や人品であるが、その評価が男性の容貌にも及んだのだろう。そのとき、理想の男性イメージというものがそれほど明確になっていなかったため、すでにある程度はっきりしていた女性評価の基準に流れてしまったのではないか、と考えられる。まして当時は貴族社会であり、無骨な武人が幅をきかす時代ではない。また、魏晋南北朝時代に服装の男女差がそれほど明確になっていなかったとすれば、かりに女性がファッションの幅を広げて楽しもうとしても、男性の側にはみ出すことは意味をなさなかっただろう。そもそも男性装というものが、いまひとつはっきりしないのであるから。しかし唐代にいたると、そのような越境が充分に可能となる。

軍装の木蘭

以上のような特徴を備えた魏晋南北朝と唐代がちょうど入れ替わろうとするころ、現在でも中国でよく知られている女性が二人、出現した。いずれも男装で有名な木蘭《もくらん》と祝英台である。この二人はファッションとして男装を楽しんだのではなく、それぞれの目的のためにあえて男性の衣服を身につけ、男のふりをした。この二人をめぐる説話は、意識的に男性になりすますことが重要な要素となっている、中国史上で最初の物語だろう。

このふたつのうちとくに木蘭の話が興味深い（郭茂倩『楽府詩集』巻二五「横吹曲辞五」）。木蘭は家で機織りをして過ごすごく普通の少女だったが、やがて父親に徴兵がかかってしまう。しかしこの家には、替わりに従軍できるような年頃の息子もいない。木蘭はみずから、馬に鞍、くつわ、鞭などを買い整えると、万里の彼方へと出征し、寒々とした光が「鉄衣」を照らすなかを一〇年間戦い抜く。皇帝からはたくさんの褒美を賜り、なにか欲しいものはないかと尋ねられる。木蘭は、なにも欲しいものはなく、ただ故郷へ帰らせて欲しいと答えた。

家に戻った木蘭は、「戦時の袍を脱ぎ、以前の裳を身につけ、窓にむかって髪を整え、鏡にむかって花黄を貼る」。「花黄を貼る」とは、さきに化粧法のところで紹介した「面靨」の一種だろう。こうして「鉄衣」や「戦時の袍」を脱ぎすて、もとの女性らしい姿に戻ってゆく。そして「門を出て仲間を見ると、仲間たちはみな、いっしょに長く過ごしたのに、木蘭が女だとは知らなかった、と驚き騒いだ」。

ここで木蘭が軍装だったことは注意してよい。軍装は本質的に女性には関係がなく、男性を表す記号そのものである。したがって、もし軍装を身につけていれば、顔などは関係なく、軍装のみですぐ男性であると判断されてしまうはずである。男女の服装が明確になっていない時代にあっては、ほとんど唯一確実な男装法だろう。

この点からすると、末嬉《ばっき》の伝説も興味深い。末嬉は、伝説上の王朝である夏の最末期に生きた女性である。桀《けつ》王の后であり、「容色は美しかったが、徳が薄く、でたらめで道に外れ、行いは女子だが男の心を持ち、剣をおびて冠をかぶっていた。……桀は末嬉を膝のうえに載せてその言うことを聞き、心が乱れて道を失うことになった」（『列女伝』）。こうして夏が滅び、殷の時代が始まることになる。末嬉が「男の心を持ち」、「剣をおびて冠をかぶっていた」という点に着目してみよう。魏晋南北朝時代の何晏のことを、異装のために身を滅ぼしたのだと説く『晋書』「五行志」の記事をさきに紹介したが、同じ記事がじつは末嬉にも触れ、「男子の冠をかぶり、桀が天下を滅ぼすことになった」と断じている。もし夏王朝が実在したとすれば、その時代は、男女ともに「衣」と「裳」を身につけていたはずである。しかし「冠」は、女性がつけることもあったが、男子の成年式の儀式が「冠」だったのにたいして、女子の場合は「笄《こうがい》」という一種のかんざしを挿すことだったことからも分かるように、冠はより男性的なかぶり物だったと思われる。末嬉が「剣をおびて冠をかぶっていた」というのは、きわめて象徴的だろう。

なお、もうひとりの祝英台は、男のように勉強するため、「偽って男装して遊学した」女性である（梁章鉅『浪迹続談』巻六）。学生は古くから「青衿」とも呼ばれてきたが、南北朝から唐代にかけてどのような服装をしていたかは、判然としない。

おわりに

唐は不思議な時代だった。女性のあいだに男装が広まっただけでなく、衿が大きく開いて胸の谷間がのぞくような服さえ流行した。これはよく指摘されるように、前近代の中国女性の服装としてはきわめて異例である。また、このころは女性の間でも運動がさかんだった。蹴鞠や、馬上で球を打ち合うポロのような球技、弓、舞踏、剣舞等々である。これらから、活動的な女性のイメージがうかがえる。

しかしその一方で、当時ようやく現れはじめた本格的な小説には、まったくべつのタイプの女性も描かれている。「……湯からあがれば、体は弱々しく力もなく、身にまとう薄絹にも耐えられないかのようだ」（『長恨歌伝』）、「まもなく召使いの紅娘が娘のからだを支えてやってきた。そばへ来ると、はにかんでなまめかしく、自分の体を運ぶ力さえないようで、……」（『鶯鶯伝』）など、明らかに弱々しくて可憐な様子が強調される。そして、唐末から五代の時代にかけて纏足が広がりはじめ、女性は行動の自由を大きく失うことになる。中国では後漢以来、女訓書と呼ばれる女性向けの教訓書が数多く蓄積されてきたが、それらに共通する徳目のひとつが、女性は「慎み深く、控えめ」でなければならない、というものであった。唐末以降の纏足の普及が、女性のこのイメージを強化したと思われる。

その直前にあって、唐代に、女性のあいだで突如として男装が流行した。本章では、それを魏晋南北朝期の男性の女性化と対比しながら、男性・女性イメージの越境が起こるためには、その前に、少なくともどちらかのイメージがある程度確立していなければならないという、ある意味で当然のことを考察してきた。その際、服装が中国でどのように変遷したのかを、主要な手がかりとした。ただし、その変遷は非常にゆるやかに、またさまざまな要素が時期的にすこしずつずれながら、また重なりあいながら起こるものであり、おおまかに時期区分することさえ、じつはむずかしい。だが、男性イメージよりも女性イメージのほうがはるかに早く、また強固に成立したにもかかわらず、それはおもに容貌面でのことであり、服装にかんしてはイメージの固定化が遅れた。この点は確かだろう。そしてこのずれが、魏晋南北朝期と唐代の特異な流行の、原因ではないにせよ、ある種の背景をなしていたと考えられる。

注

（1） *Missionary Magazine* 58(2), 1878.
（2） *Missionary Magazine* 75(2), 1895.
（3） 関西中国女性史研究会編『中国女性史入門』人文書院、二〇〇五年、一〇六頁。
（4） 以下、服飾史については趙連賞『中国古代服飾図典』雲南人民出版社、二〇〇七年、周汛・高春明『中国歴代婦女妝飾』学林出版社、一九八八年などによる。
（5） 化粧史については、高春明『中国歴代服飾芸術』中国青年出版社、二〇〇九年による。
（6） 上海市戯曲学校中国服装史研究組編著『中国歴代服飾』学林出版社、一九八三年後記、一〇八頁。
（7） 前掲、上海市戯曲学校中国服装史研究組編著『中国歴代服飾』、一二七頁。
（8） 栄新江「女扮男装―唐代前期婦女的性別意識」『唐宋女性与社会』上海辞書出版社、二〇〇三年。

（西欧）全能性を求めて ―― 性と想像力／創造力

浅井雅志

はじめに

同じ女性歴史文化研究所の別のプロジェクトに寄せた稿で、イェイツ（W. B. Yeats, 1865-1939）のシュタイナッハ手術を出発点にして、性能力と長寿との関係を論じた。しかしそこでは、イェイツがこの手術を受ける大きなきっかけになった性能力と想像力・創造力との関係についてはほとんど論じられなかった。イェイツは両者には関係があると強く信じていたようだし、現に手術の後には、後に批評家たちが「名作」と呼ぶことになる作品をかなりの数生み出すのだから、何らかの関係があることは否定しにくい。しかし一方では、D・H・ロレンス（D. H. Lawrence, 1885-1930）のように、四〇歳前後で性的不能に陥っても、その後も大きな創造力を示した作家もいる。特に最後の長編『チャタレー卿夫人の恋人』では性を正面から扱っているし、同じく最晩年の中編「死んだ男」においても、イエスと思しき主人公の男の真の甦りの根拠をイシスの巫女との性的成就に置くなど、性のもつ力に対する想像力は衰えていない。しかし性と想像力・創造力（とりわけ文学においては想像と創造は同義である）との関係は、こうしたわずかな実例だけを基にしては論じきれないほどの広がりがある。そこで本稿では、想像力という人類が比較的新しく手に入れた能力と、倒錯も含むさまざまな性行動との関係を洗い出すことを通して、この複雑な問題に接近してみたい。

ロレンスは猥褻を、「頭に閉じ込められた性（sex in the head）」という言葉に象徴される、知性化された性、性を自省の対象にし、その中に没入できなくなった状態だと定義し、終生これを激しく批判した。しかしこうした人間の性を取りまく状態は、嘆いたり批判したりするよりも、そのありようを解明するほうが重要であろう。本稿ではそれへのアプローチとして、まず文明化された人間の性について、とくに文明化・知性化が性に及ぼした影響を検討しよう。その後、知性化された性の有様の一つの典型として、ジョルジュ・バタイユ（Georges Bataille, 1897-1962）の論を参照しつつ、エロティシズムと、その派生系としての性倒錯やポルノグラフィについて考えてみたい。そして最後に、こうした知性化した性はさまざまな問題を生みつつも、見方を変えれば、それらは、コリン・ウィルソン（Colin Wilson, 1931-）がいうように「想像力革命」（『性のアウトサイダー』121）の産物として生まれたのではないかという視点について考察を加えてみたい。

「人間は本能の壊れた動物である」!?

人間の性意識や性行動について論じるときの一般的な参照枠は、動物の性を正常の基準とするというもので、この是非自体も大きな問題だが、ここでは、そのことはひるがえって、いかに人間が動物から遠く離れてきたかを物語っていることに注目しよう。つまり、同じ「性」という言葉で呼ぶにしても、動物の性と人間のそれとは決定的・本質的に異なるようだ。これを最も大胆に語っている一人が岸田秀（一九三三―）[1]である。性についての岸田の大前提は「人間は本能の壊れた動物である」（『性的唯幻論序説』9）というものだ。彼は「性にまつわるいっさいのことは本能ではなく幻想にもとづいており、従って文化の産物」（10）だと断定するが、この説の根拠としてもち出すのは、オランダのボルクが唱えたことで有名になった「ネオテニー（幼形成熟）」である。[2]「人類の奇形的進化の結果、人類においては発達が遅滞し、人間の個体は永久に生物学的な意味でおとな（成獣）になれず、未発達のままとどまることになった」（10）という説である。たしかに興味深い説ではあるが、いまだ異論もあり、何よりこの説では幼体または幼児形のままとはいえ性的に成熟するというのだから、「人間は本能が壊れた動物だ」

という説の根拠にするにはやや弱い。そこで彼はフロイトの「幼児性欲」説をもってくる。すなわち、「性欲はありながら、それを満足させるための正常な性交はできない」幼児が、「口唇期、肛門期、男根期、潜伏期、性器期」という段階を経て性的に成熟するというのだが、どこが奇形的かといえば、「正常な性交ができる性器期に達するためにこのように面倒で困難な回り道をしなければならないのは人類だけ」(11)という点だという。ここから、「最初の発情期にいきなりいわば性器期にいる」動物は「自然」で、「人間の性器性欲は倒錯的リビドーを寄せ集めて創ったつくりもの」で「人為的」(12)だという論に至る。そしてそこから、人間は性的「幻想にくっついている倒錯的リビドーの助けを借りなければ、いわゆる正常な性交ができない」、それゆえ人間は「全員倒錯者」(13)だという結論を導くのである。この推論に関しては、岸田自身やや心もとなさを感じたのか、ドロシー・ディナースタインの『性幻想と不安』の「訳者あとがき」で、「フロイドは明確な言葉でそう言っているわけではないが、フロイド理論からの理論的必然として演繹できるように、人間の本能、特に性本能は壊れており……」(323)と断っているが、それでも、「人間は本来、自慰者、不能者、倒錯者であって、正常な性器性欲にいったん達しても、それはかろうじてやっとつくったものであるから、実に壊れやすい」(14)と念を押す。これを別の角度からいうと、「性欲は種族保存の目的から切り離され、分解し浮動して同じような多形倒錯的リビドーになった」。なぜそうなったかというと、幼児性欲は「失われた母親との合一を回復したいという欲望（胎内復帰願望）として表れる」が、しかしその文字通りの実現は不可能なので、代償行為として、「自己の代表者であるペニスを胎内への通路である膣に入れるという形を取る」（20―21）からだという。あるいはこういう説明の仕方もする。人間は幼児期にはエロスが外界の対象に向かわず、「性欲が自閉的に成立し、しかるのちに、その性欲を満足させる手段または道具として性対象が求められる」。これは動物と根本的に異なり、『性欲』とその対象が切り離されて、目的―手段の関係」（267）になっている、と。

岸田の論の特徴は、その著書のタイトルにもあるように、性欲は「幻想」に支えられたものだとする見方で、「本能が壊れている」とか「性欲は作られたものだ」というのはその変奏曲にすぎない。先にも触れたように、彼の論でも「正常」の基準になっているのは、発情期に生殖のためだけに性行為をするとされる動物の性行動であるが、この視点からすれば、動物には見られないさまざまな倒錯的行為、例えばフェティシズムや売春や強姦などもすっきり説明できる。性欲が幻想・想像の産物ならば、ある物を想像の中で性的欲望の対象としての女性に重ね合わせることは容易であるし、また「女性器をその持ち主である女個人の人格から容易に切り離すことができる」（31）からだ。そして男が女性器を求めるのも、それ「そのものに興奮するのではなく、女性器に至福の世界への入口とか秘密の花園とか禁断の聖所とか生命の泉とかの幻想を貼り付けてその幻想に興奮する」（35）からということになる。女性の性の道具化、商品化、逆に男性の性がそうならないのも、その論理的延長に過ぎないというわけだ。

しかしそれにしても、「幻想」に支えられたものであろうがなかろうが、性欲という特定の欲求は大半の人間が文字通り肉体的に感じており、これが作られたという説はなお納得しがたい。実際、岸田もわずかに言及しているヴィルヘルム・ライヒなどは、性欲を肉体的なものとして自明視し、その上で彼のオルガスム理論、すなわち「精神的健康は、オルガスムの体験能力にかかっている。つまり、自然な性行為における性的興奮のアクメにおける降伏体験能力に依存している」（22）と説いている。岸田はそもそも、後に見るバタイユと同様、人間においては、動物のそれを連想させるような「自然な性行為」なるものを認めない。いずれにせよ、こうした異論をはね返すために岸田がもち出すのが近代化の影響である。つまり、「西欧においては、神が本能の代替物として男と女を結びつけていたが、その神が衰えると、さらにその代替物が必要になった。そこで、恋愛が登場し、性欲が発明された」（140）というのだ。近代以前にあったのは食欲なども含む「肉欲」だったが、「性交を求める特定の生物学的欲望」である性欲は「神の死と個人の成立の結果」誕生した。換言すれば、「人間が自分の行動を個人の内面から説明しなければならなく」（141）なった結果発明されたというのだ。もう一つ腑に落ちない説明だが、要するに、近代に入って人間存在における理性の位置がますます高くなり、その結果「神が死に」、「神にもとづく人と人のつながりを失って必死にあがいていた」近代人は、性欲を「神に代わる、人と人のつながりの根拠として」(146) 作りだしたといいたいようだ。

性は、とりわけキリスト教世界では、パウロの思想の影響で当初から禁忌の対象となったが、近代、あるいは文明の成熟（これは曖昧な表現だが、後に見るように、例えばポルノグラフィの爆発的な広がりなどに見られるように、ヨーロッパにおいて性意識に大きな変化が起きたのは一八世紀であり、ここではその時代を指す）の影響で、この性と禁忌との関係に大きな変化が生じる。岸田によれば、近代以降、「禁止を犯し、禁じられていたことを遂行することは自我の力の表明となり、自尊心を支える。本能が壊れた人間は、本能に代わるものとして自我を行動規範とも価値の根拠とも頼んで生きてゆくほかはなく、……西欧文化は、人間のこの第一の欲望に性交の欲望を重ねることによって、本能によっては性交できない人間が性交することができるようにした……西欧人は、性交が禁止されたことであったがゆえに、性交したがったのである」(187)。この説明でも、性欲を生物学的な必然とする一般的見方、つまり禁忌の侵犯といった手の込んだ「装置」を使わなくても、少なくともある年齢までの人間、特に男性には性欲はアプリオリにある、という見方、言い換えれば、フロイトの幼児性欲とそれによる多形倒錯説を承認しない立場から(3)の反論は残るだろうが、それでもここには、性と想像力の関係について考察する上での格好の第一歩が見出せよう。

性と文化・文明

そもそもフロイトの性理論は、「文化への不満」にはっきり表明されているように、文明化した人間が、その文明を維持するために、性を含めた諸領域で自らの欲望を抑圧してきたという見方を土台とするもので、ほとんど批判抜きにそれに拠る岸田の論がこうなるのは当然であるが、ここでは岸田の理論の検討が目的ではない。注目したいのは、彼がこうした論で強調する、近代という時代が性の観念に与えた影響である。その端的な表現である「理性を具えた近代人とは神を殺し、神に取って代わったまさに誇大妄想的な人間であった」（144—45）といった岸田の見方は決して新奇ではないが、ロレンスが "sex in the head" という言葉で弾劾した現象に別の側面から光を当てている。つまりこれは、近代、とりわけそこで重視される理性・知性、そしてその副産物である想像力は、性の「文明化」、あるいは知性化を一層推し進め、これが、例えば「プラトニック・ラブ」や「ロマンティック・ラブ」を、「清純な乙女」を、さらには多様な性倒錯を生み出したということだ。恋愛は想像力の産物だし、妄想はまさに想像力の「飛躍」である。つまり近代という文明の「成熟」が人間の性と動物的な性との乖離を決定的にしたのである。この乖離は最初期の人間が二足歩行を始め、前頭葉を膨らませ、徐々に動物とは異なる生活様式をもち始めた頃に始まったものではある。しかしその乖離が、ロレンスが嘆くほどに「悲劇的」（『チャタレー卿夫人の恋人』の冒頭の言葉）になったのは、やはり近代以降のことであった。

以上のことを別の角度から見れば、性の発達過程は「文化的、人為的過程」（岸田22）である、あるいは「男と女が後天的につくられる」（24）ともいえよう。こうした見方は、先にジェンダーがあり、セックスは後で作られたとするトマス・ラカーの見方に近いようにも見える。ラカーは「十八世紀の終わり頃に、人間の性の性質が一変した」（16）という。具体的にどう変化したのかといえば、「女性の身体は『男性の身体の不完全な一種（ワンセックス・モデル）』ではなく、『絶対的に異なる対立者（ツーセックス・モデル）』であると考えられるようになった」（7）。「ツーセックス・モデル」は現在では常識となっている見方だが、「ワンセックス・モデル」とは、「ヴァギナは内側に入ったペニスであり、陰唇は包皮で、子宮は陰嚢、卵巣は睾丸」（16）といった、今では忘れられた身体観で、この時代までは卵巣やヴァギナといった器官を表わす言葉さえなかったという。つまり男女は性的にはっきり異なるという見方は、高々この三世紀ばかりのもので、それもおびただしい反対、というか、旧モデルの残滓に妨害されながら出てきたというのである。ここからラカーは、「啓蒙時代以前のテクストにおいては、……セックス、すなわち身体上の性別や身体が一種の付帯現象であり、われわれが文化的カテゴリーとしてとらえるジェンダーのほうが第一義的、つまり『リアル』であった」（20）という結論を導こうとする。しかし岸田の方はこう続ける。「女の性的魅力は、本来なら不能である男を奮い立たせ、男の性欲を女体または女性器を求めるという形に形成するために文化的に作り出されたもの」（84）であり、「男の性欲の衝動性」（96）もやはり文化の産物だという。さらには、幼児は、「性欲がありながら性交できない不能」を堪えがたい「屈辱」と感じ、そこで「自分が性交できないのは能力がない（不能）のためではなくて、それはよくないことであって禁止されているからだと自己欺瞞する」、つまり性のタブーという「文化が幼児の自己欺瞞を支える」（117）とまで踏み込む。幼児にそこまでの文化意識があるかどうかはともかく、ここまでくると、力点はラカーとはずいぶん違ってくる。

しかしここで重要なのは両者の違いではなくて共通性だ。共通性とは、ともに人間においては意識・理性・知性が性のあり方に大きく影響している、いや、それをほぼ決定しているということ、そしてそれを生み出したのが文化だという見方である。ラカーはそれをこう表現する。「文化的な要請がセックスの言語を規制し、女性の身体を定義・差異化していく……セックスや性差はただ自然にそこにあるのではない。それはジェンダーと同じく造られるものなのだ」（297）。あるいは「征服者のように文化は他者を『取りこみ』、『幼児の性生活の在り方』を規定し、『異性同士の生殖』だけを許容される性として指定する。そしてその過程で、ほかの動物と同じくあきらかに両性具有的な性格をもつ生物、幼児は文明化され、男性あるいは女性という性差のカテゴリーに強制的に配分される。このように、文化の権力は身体そのもののなかに刻みこまれ、鉄床で鉄を自由な形に鍛え上げるように、身体を求められるべき形態へと鋳造する」。そしてそれを実演した者としてフロイトを挙げる。「何世紀にもおよぶ解剖学知識の伝統に逆行するフロイトの「女性の性感帯がクリトリスからヴァギナに移動するという」理論は、自然という名の権威がいかに自由自在なレトリックによって私有化され、文化的な捏造物を合法化していくかを実演し証言したのである」(323―24)。このようにラカーのフロイト観は岸田のそれとは逆に、科学に逆行してでも文化的捏造に加担したという厳しいものだが、ともかくラカーは、繰り返し、くどいほど、いかに新たな科学的「事実」が発見されようと、それはその時代の文化的な見方＝パラダイムにはすぐには影響を与えないことを述べる。そしてその原因を人間のもつ「投影能力」に帰するのだが、それを、引用されているクワインはこう説明する。「わたしたちの信念体系は『人間が織り上げた一種の織物であり、この織物は外縁においてしかも部分的にしか経験と接触しないのだ』と」(104)。しかしこのことは、ラカーがいうほどには驚くには当たらない。科学の示すものは、とりあえずはあくまで「仮説」であり、それがその時代を覆う世界観、人間観、要するにパラダイムにすぐに影響すると考えるほうがむしろおかしい。それは長い時間の中で、十分な数の人間がそれが新たな「真実」であることを納得して初めてパラダイムを変える力をもつ。ましてや、ここで扱われているジェンダーやセックスの領域では、男女間のいわゆる力関係にもろに影響することであるがゆえに、パラダイム、すなわちその時代の男性観・女性観の変更自体に大きな、しかし無意識の妨害が起こってくるのはむしろ当然である。

以上の議論でのポイントは、文化が因習や言説などさまざまな形でその時代の性意識に影響を与えるということである。ラカーの著作のタイトルは『セックスの発明』（*Making Sex*）で、そこにも性が人間の意識の産物だという見方が反映している。彼が一つの参照枠としているフーコーも、セクシュアリティは一八世紀の終わりに登場した「人工的産物」（ラカー27）と見ている。そして一八世紀とは、まさに性をめぐる想像力の爆発の頂点を示したサドの世紀でもある。リン・ハントは、これも『ポルノグラフィの発明』（*The Invention of Pornography*）というタイトルの著書で、「現代的な意味におけるポルノグラフィという語は、一九世紀になってようやく使われるようになった」が、しかし一六世紀から一八世紀にかけては、「ポルノグラフィは性の持つ衝撃力を利用して、宗教的、政治的権威を批判する手段としてしばしば用いられてきた」（8）という。後に見るように、ウィルソンは一七四〇年というサドが誕生した年に出版された『パミラ』をポルノグラフィの出発点と見ているが、これも一八世紀の産物だ。フーコーによれば、「十八世紀以来、性は絶えず全般的な言説的異常興奮とでも呼ぶべきものを惹き起こしてきた」(43)。そうした文化的風土が、倒錯とも呼べないようなささいな性現象を「医学と知の対象」とし、「その上に——おそらく歴史上初めてのことだが——語り、分析し、認識する仕組みを大々的に作り上げたのである」(42)。要するにロレンスが“sex in the head”という言葉で弾劾した現象は、皮肉なことに、「近代西洋世界にかくも特殊なあの要請」、すなわち性に関しては「すべてが言われなければならない」という「性の『言説化』の企て」(28—29)の論理的帰結であり、「達成」でさえあったのである。

身体観の変化と性

養老孟司はこの近代文明・文化と性との関係を、身体観というより大きな枠組の中で論じているが、その際の彼のキーワードは「脳化」という言葉である。「脳化」とは近代化の身体版とでもいうべきもので、「いまでは、世の中は脳ばかりになって、身体が抜け落ちている……脳はさまざまな実在を認める。そのくせ、身体は無視する」という態度である。彼はその一因を、「自分［脳］がそれ［身体］に依存しているのが気に入らないのであろう」(82)とうがった見方をしているが、「自然の身体」の軽視ないし無視は脳化社会の必然的な産物であり、「脳化の代償」は「身体の消失」で、その結果「人が『人間』になった」(170)という養老の主張は、ロレンスが“sex in the head”に込めた意味、すなわち脳(知性)は僭越にも身体全体を独占し、それが人間の悲劇を生み出しているという批判と共鳴している。

なぜそんなことが始まったのかというと、そこには脳と身体の対立という人間特有のアポリアが潜んでいる。養老によれば、脳は「とりあえず『脳だけの』永続をはかる」のだが、それは、その脳に「その脳を支える、滅ぶべきものとしての身体」が対立しているからだ。そのために脳が取った戦略が、「脳の論理を外在化する」ことで、それを彼は「身体の制度化」と呼び、「そこで意図されているのは、身体の実在感の喪失」（175-77）だという。脳が自分のことを、本来はそれが一部であるはずの身体の中の独立国のような存在と見なし、それのみの永続をはかるという見方は、実証こそできないが、両者の間に走る亀裂をうまく説明している。もしこれが正しければ、ロレンスが嘆いている事態は、なんと脳の意図によって出現したことになり、彼が知性（および、暗示的にはその座である脳）を批判するのは的を射ていることになる。しかしいくら的を射てはいても、脳が確信犯的にやっていることである以上、その批判は無力たらざるをえない。

こうしたことが確立＝制度化されたのは日本においては江戸期で、そしてこの制度化は二つの面から支えられているという。一つは「体制思想ないし体制哲学としての心優先」、二つ目が「身体の様式化」としての「型」だという。礼儀作法や衣服を含めた身体の型が規定されたというのである（181-82）。日本におけるこうした「心と型」両面からの身体の「囲い込み」は、キリスト教世界で起こった精神優先の傾向と響きあうものだ。

人間は文明を生み、都市を生んだ。養老によれば、都市という「人工空間」での生活は「ほとんどヴァーチャル・リアル」で、そこに生じるのは、セネットの言葉を借りて、「抵抗感からの自由」と「触ることへの恐怖」だという。「触覚を通じる場合、われわれはなにかがあるいはだれかが、まったく異質 alien であることを感覚するという危険を冒す。現代の技術はその危険を避けることを可能にする」。ロレンスは接触を「危険」とは見ず、逆に肉体の復活の最後の突破口と見るのだが、コンピュータ化＝脳化した社会はこうした接触を一切なしですませる生活を生み出してしまった。それはセネットがいうように、「現代人は、他人の身体的存在によって脅かされていると感じている」（346-47）からであるが、その「快適」な社会は、人間接触という「苦痛」を取り除いてくれると同時に、その「歓喜」をも奪い去ってしまったのである。

しかし都市化自体はかなり昔に始まったものではないか。養老も、「お釈迦様がもし生老病死を教えたとすれば、釈迦の時代にすでに、脳化社会が成立していたはずである」（81）といっている。しかしこのような人間同士の「脅威感」は近代以降に特徴的に見られるようになったものである。それを説明するためにセネットは、「歴史上の都市では人々は都心に集中したものだが、現代都市の群集はそれとは違って『分散している』」という現象を捉えて、「過去と現在の都市住民のありかたのあいだには深い溝がある」といっている。これは要するに、かつての都市は、いかに人々が都心に集中していても、ロマン派やロレンスやハイデガーが賛美する「農村」的雰囲気を濃厚に残していたということであろう。

それにしても自意識というものの不思議さは、脳が脳のことを考える、あるいは考えることができるということを想像してみるとよくわかる。これは「目が目を見る」ことが不可能なのと同様に不可能なようにも思えるのだが、ともかく脳にはそれができてしまうのだ。そしてこれが、意識が自分自身、すなわち意識を意識することができるという内的・生理的機構、ロレンスが「両刃の祝福」と呼んだ人間の事実なのである。

これまで見てきた論者は、人間が好むと好まざるとにかかわらず、おそらくは生存のために自意識を獲得し、「文化的生物」になった結果、その性の観念も文化の影響を受け、動物のように本能に従って性的行動を取らなくなったという点で一致している。しかしこうした性の知性化・頭脳化を批判するロレンスは、こうした「人間は本能が壊れた動物」説に完全には与しない。つまり「本能」は、近代化の中でひどくたたかれ、窒息寸前ではあるが、人間の中でまだ完全に壊れてはおらず、いわば仮死状態にあると考えているようだ。たしかに、「人間は本能によっては生きられない。知性をもっているからだ、……人間は知性を、観念をもっているので、「失われた」無垢や純朴な自発性を思ってため息をつくのは子供じみたことだ」（*RDP*,

204）とか、岸田と同じように、「人間は考える動物である。飼いならされていて、本能は消えている」（*RDP*, 386）ともいっている。しかしこの点についてのロレンスの考えは揺れ続ける。最初の長編、『白孔雀』に出てくるアナブルのモットーは「よき動物たれ」であり、その後も多くの作品中で正の評価を付与して描かれている人物は何らかの形で「動物的」である。『堕ちた女』のチチオ、「狐」のヘンリー、「てんとう虫」のディオニス伯爵、『羽鱗の蛇』のシプリアーノらがその典型だろう。そして白鳥の歌となった『アポカリプス』の末尾などには、かすかではあるが、人間の「個体性」の幻想に気づき、「太陽とともに始める」ことを通して、すなわち人間と宇宙との関係を回復すれば、この本能も回復できるのではないかという希望が見て取れる。このように、一部の人間はまだ動物的本能を保持しており、その「正しい」あるいは「聖別された」人間同士が出会い、「正しい」接触をもてば、まだ人間には「希望」があるという考えが、先のような冷たい認識と混在しているのである。

「知性化した性」の産物としてのエロティシズムと性倒錯

しかしロレンスの抱いたような希望は二〇世紀以降はむしろ少数派で、啓蒙主義の時代以来、いや、さらに遡って、神が宇宙の中心の座から退き、代わって人間がその場を占め始めたルネサンス以降、人間の本能の退化はさまざまな形で表現されてきた。その最も端的な表れはルソーの「自然に帰れ」であろう。理性によって構築された文明は人間に幸せをもたらさず、かえって不幸を招いた。自然に帰って、よき動物になることでこの負のサイクルを逆転させようとしたのである。ロレンスはその後継者の一人にすぎない。しかしルソーを師と仰ぐ「ロマン主義者」たちは、近代のもたらす「害悪」があらわになってきた一八世紀から一九世紀にかけて、本能や直感といった理性を超越するものの重要性の指摘や自然神秘主義的な視線によって、当時の社会と文化に強烈な影響を与えはしたが、科学主義に象徴される理性重視の傾向を逆転させるまでには至らなかった。彼らは、近代以降、人間の中では「本能が壊れた」ことを認識し、何とかこれを乗り越えようとしたが、時代はますますこの「事実」を追認していった。それは科学＝理性の側からだけでなく、人文的な認識の側からもなされた。バタイユははっきりこういっている。「エロティシズムは動物的な性欲とはことなるものであり、むしろ意識的な存在の性的活動なのである」（『エロティシズム』285）[4]。あるいは「祝福された性欲は動物の性欲に近く、人間固有のものであるエロティシズム、起源においてしか生殖的なものをもたないエロティシズムとは対立する。原則的に不毛なエロティシズムは、悪と悪魔的なものを表わしているのである」（339）。つまり人間固有のエロティシズムは文明化の過程で生殖的な本能とは切り離され、「悪」と本質的なかかわりをもつようになったという。これは、ある側面ではバタイユの先駆者ともいえるブレイクの「悪とはエネルギーの活発な噴射である」（34）という言葉に表れている精神に近い。バタイユのいう「不毛な」とは非生殖的という意味にすぎず、エロティシズムはやはり「エネルギーの活発な噴射」なのである。しかしエロティシズムは同時に、動物の性欲が「人間固有の性欲、言語を付与された存在の性欲」（378）に変化した産物でもあった。言語を付与されたとは、知性と自意識をもったということで、これが人間の性（欲）の宿命だというのである。

バタイユのエロティシズム論の根幹は、『エロティシズム』の冒頭の、「エロティシズムは死にまで至る性の称揚だ」（16）という言葉に凝縮されているが、その最大の特徴は、エロティシズムという「文化的」現象を、人間の不完全性の超克の「道具」にしようとする点にある。すなわち、死と性という禁忌を侵犯することから生じる、彼がエロティシズムと呼ぶ過剰なエネルギーを使って、原初の連続性を奪還する方途だと見ているのである。「私たちは、あなたも私も、非連続の存在なのである。……非連続な存在である私たちにとって、死は存在の連続性という意味をもつものである」（18―19）という、通念に反する言葉に込められているのはこのことである。この「連続性」とは、エリアーデやバーデルやシンガーや澁澤が「両性具有」にその象徴を見ている「全一―総体性」（シンガー36）の謂いである。バタイユは人間の連続性の再獲得を説明するのに、しかしプラトンがいう原初の人間の両性具有、すなわち完全なものが分割されて以来、人間は失われた半身を求めてさまようという「神話」ではなく、むしろ生殖のアナロジーを使う。「精子と卵子は、基本的な状態では非連続の存在であるが、それらが一つに結びつくことによって、あるいは連続性が二つのあいだに確立される。つまり、個々別々であった二つの存在が死に、消滅することによって、一つの新しい存在が形成されるのだ。新しい存在はそれ自身では非連続であるが、みずからの中に連続性への過程、二つの別個の存在のそれぞれにとって死であるところの、両者の融合という過程を含んでいるのである」（21）。生物学者はこの事態を精子と卵子の「死」とは呼ばないだろうが、バタイユはこの変容に普遍的な意味を見出そうとして、精子および卵子から新たな胎児が生まれるという変化を、やや強引に「死」を介するものと見るのである。なぜこう見るかといえば、精子と卵子という二つの異質なものが、エロティシズムを介して完全に変容して新たな存在を生むという過程以上に、人間が宇宙の中で置かれている非連続（不安）な位置からの脱却を図るアナロジーとしてふさわしいものを見つけられなかったからであろう。「私たちは非連続の存在であり、理解できない運命の中で孤独に死んで行く個体であるが、しかし失われた連続性への郷愁をもっているのだ。私たちは、偶然の個体性、死ぬべき個体性に釘付けにされているという、私たち人間のおかれている立場に耐えられないのである。この死ぬべき個体の持続に不安にみちた望みをいだくと同時に、私たちは、私たちすべてをふたたび存在に結びつける、最初の連続性への強迫観念をも有している」（22―23）。人間がいわば欠陥者として宇宙の中に投げ出され、そこにいる理由も、そこでどうすべきかも一切秘せられているこの不可思議な状況を、例えばパスカルは人間の宇宙の中の絶対的孤独として表象し、あるいはハイデガーは「被投性」と呼び、Ｒ・Ｄ・レインは「存在論的不安」と名づけた。そしてバタイユは「強迫観念」的に原初の連続性へ帰還しようとする人間にとって、「死と禁忌とエロティシズム」という秘められた三つ組みはこの人間が置かれた根源的アポリアを脱する最大の「武器」だと見る。「死のなかに、不可知な不可解な連続性への抜け道を発見する能力こそ、……エロティシズムのみによってもたらされる秘密」(36)だと。あるいはこうもいう。「性愛とは、死のように私たちの内部にあって、忽ち悲劇に向かってすべって行き、死の中でしか停止しないところの、一つの急速な喪失の運動」(351―52)だと。「死」を連続性につなぐという離れ業を可能にするのはエロティシズムしかなく、そしてその「エロティシズムは禁止の規則の違犯」であり、しかもこの「禁止の違犯」は「動物という言葉で表わされる自然への還帰」(136)とはまったく違うことなのである。

このように、人間が根源的に抱え、その苦痛が近代以降尖鋭化してきたアポリアを乗り越えるために、ロレンスが注目したのが、接触を介し、『チャタレー卿夫人の恋人』の原題であった「やさしさ」を含む性であり、バタイユが注目したのが、その知性化された形態であり、死と隣り合わせのエロティシズムであった。この視線自体は、彼らの先人ブレイクが、世界が六千年の終わりに焼き尽くされたとき、「全創造物は焼き尽くされて、無限に、そして神聖に見えるようになる」が、これは「官能の悦びを研ぎ澄ますことによって実現するだろう」（39）と見る視線の延長線上にある。しかし二人のこの問題へのアプローチは対称的である。ロレンスが目指すのは「健全な性」、すなわち「脱―知性化した性」である。『チャタレー卿夫人の恋人』においてコニーは、クリフォードやマイクリスの「知性化した性」にうんざりし、ついに自分と同じくこの桎梏から逃れようとしている森番、メラーズに出会い、何度かの試行的な性関係の後に究極的な性体験をする。それは大海の波に翻弄されるイメージを使って描かれるが、彼女はその中で一度死に、そしてそれをかいくぐって、ついには「女」として再生する（*LCL*, 173-74）。あきらかにロレンスの意図は、ヴィクトリア朝の地下世界で花開いたポルノグラフィ文化の残滓が色濃く残る時代にあって、知性を介さない、いわば「動物のような」性を回復することであった。現に二人のある性交渉では、メラーズは雨の中、森で出会ったコニーを急に押し倒し、「動物のように短く激しく抱いてすぐに果てた」（*LCL*, 222）と描写されている。こうした、当時としてはまちがいなく顰蹙を買うような「ショック療法」を使ってでも、死に瀕した「セックス」の力を再生させ、真の人間性を甦らせる力を秘めたものとして描こうとしたのである。

　一方バタイユは、人間という「意識的な存在の性的活動」であるエロティシズムのありように注目する。すでに見たように、エロティシズムは禁忌の侵犯という形で最も鮮明に生起する。

これはロレンスの、二人の異性間の愛が知的なものを抜き去って、動物的になればなるほど「健全」になるという方向性とは対極的な視座である。バタイユのサドへの関心はここから生じる。「最も不快なものが、サドの目には快楽を掻き立てる最も強力な手段だった」。そして「サドの本質的な功績は、官能的な熱狂状態における精神的な変則性の役割を発見し、見事にこれを示したこと」だというが、その「役割」とは、「変則的なものよりも好ましく『興奮させる』ものは何一つとしてない」ということで、それゆえあらゆる種類の倒錯的行為、暴力、さらには殺人までもが「楽しむための手段」(287)であり、サドのエロティシズムには不可欠だったのだ。たしかにこうしたサドの論理は過激だが、それは後の冷徹な心理学者、フロイトの次のような理論と本質的に通底するものだ。「快感原則が切望している状態も、それが継続するとなると、きまって、気の抜けた快感しか与ええないのである。人間の心理構造そのものが、状態というものからはたいした快感は与えられず、対照《コントラスト》によってしか強烈な快感を味わいえないように作られているのだ」(「文化への不満」441)。このような論理にはロレンスが説くような「健全な性」の観念は入り込む隙間もない。

実際のサドの作品は、バタイユのレトリカルな要約をはるかに超え出るどぎつさと生々しさを示しているが、それは彼独自の「自然」観を土台にしている。「神とは自然そのもの」(『悪徳の栄え』269)という言葉にはっきり表れているように、サドにとって「自然」とは、キリスト教の慈愛の神を逆立ちさせたような、禁忌とされることも含めたあらゆる人間の行為の「正当化」の究極的根拠なのである。つまり、自然が生み出した人間のすることは、いかなることでも反自然であるはずがないという確信犯的認識なのだ。彼の全作品はこの「哲学」の展開であり「肉化」である。曰く、人間は「心ゆくまで楽しまねば」ならず、それが「自然の法則を実践することになる」（『閨房哲学』81―82）のであり、「すべては自然から由来している」のだから「この世には異常などと呼ばれるものは一つもない」（84）。近親相姦も「自然の最も楽しい結合、自然が最善をつくして僕たちに命じたり勧告したりする結合」（89）だから罪ではなく、殺人に至っては、二重の、相反するような理由で罪ではない。一つは破壊は「自然の根本法則の一つだから」であり、もう一つは殺人は破壊ではなく、「さまざまな要素を自然に返してやる」行為で、自然は今度はそれを材料にして新たなものを「創造」（93）するからだというわけだ。後に彼の名を関して「サディズム」と呼ばれるようになった「残酷」な行為も、「他人の身に生じたこの苦痛の感覚によって、われわれの身に惹起される衝撃は、より以上に力強い震動をあたえ」、「快楽の行為においては自分がすべてであり、他人は無である」のだから、これもむろん罪ではない。そもそも、「自分よりも他人を愛せよと勧告する自然の衝動」などわれわれは感じたことがない、それは「弱者の意見だ」（120―21）と断言するのである。そしてこうしたすべての「悪徳」の根拠もやはり自然にある。「自然ほどエゴイストなものはないので、自然の法則の命ずるところを行おうとすれば、やはりわれわれもエゴイストになるほかないのだ」(147)と。この徹底的な、「詐欺師や乞食連中によって説かれた宗教」(148)であるキリスト教批判と究極的エゴイズム、そして延々と繰り広げられるそれの「実践」を前にすると、一体このような言説にどれほどの有効性があるのだろう、いかなる人間がこれを「快楽」と感じるのだろうという思いを禁じえない。いや、これは単に、生涯牢獄から牢獄へと引き回された老いたサドの、エロティシズムとルサンチマンに取りつかれた狂気の発作ではないかとさえ思えてくる。しかし、だからこそバタイユはサドが何としても必要だったのだ。「あらゆるエロティシズムの遂行は、存在の最も深部に意識を失うまで到達せんとすることを目的としている」(26)。「エロティシズムの内部に活動しているものは、つねに組織された形体を解体しようという作用である。つまり、私たちがそうであるような、限定された個体性の非連続の秩序を基礎づけている、規則正しい社会生活の形体を解体するのがエロティシズムなのだ」(28)というバタイユの思想をサドほど見事に、あるいは見事以上に表現してくれる人間は他にいない。だから「人間全体の否認と嫌悪のみが、ともするとサドの思想にふさわしい結果であるかもしれない」(281)。けだしサドの存在理由は人類に呪詛されることにのみあるのだから。

ロレンスはこうした、性の本質は禁忌の侵犯が生み出す興奮と恍惚だとする見解を認めない。彼はこれを近代特有の宿痾だとし、「解体(reduction)」「溶解(dissolution)」「腐敗(corruption)」

といった言葉で形容する。これに取りつかれた典型的な人物は『恋する女たち』のグドルンとジェラルドだが、この二人は「創造の銀色の河」と対置された「解体の暗い河」に飲み込まれた人間として破滅に向かう。しかしときには、例えば「プロシア仕官」や「英国よ、わが英国よ」、あるいは「馬で去った女」などのように、解体＝死へのベクトルを、肯定的とまでは断ぜられないが、少なくともなんらかの達成の結果、あるいはバタイユ風に言えば、「限定された個体性の非連続の秩序を基礎づけている、規則正しい社会生活の形体を解体する」方向に向かうものとして捉えることもある。この点についてもロレンスは生涯大きく揺れ続けるのだが、これについての議論は本稿の射程を超える。ここでは、バタイユが、彼のいうエロティシズムが最も鮮明に表れていると考える文学作品を簡単に検討することでこの点の考察を終わることにしよう。それは、象徴的にも、あからさまな性描写がまるでないエミリー・ブロンテの『嵐が丘』である。

バタイユはその論の冒頭で、「死こそ愛欲の真理であり、また愛欲こそ死の真理である」と述べ、この「死と愛欲」のダイナミズムを「エロチスムは、死を賭するまでの生の讃歌である」（『文学と悪』19）と簡潔に要約しているが、後者は『エロティシズム』劈頭の言葉の繰り返しである。先にもいったように、この作品には「愛欲」場面は、少なくとも今日的な感覚で見るかぎり、まったくといっていいほどない。にもかかわらず彼がこういうのは、次のような論理による。「恍惚状態に到達するための必須条件である断絶を招来するのは、ほかならぬ死――すくなくとも、持続のなかに幸福の所在を見つけだそうとする孤立した個人の体系の壊滅――なのである。しかもこの断絶と死との動きのなかで見いだされるものとは、やはり存在の無垢性と陶酔感とである。つまり孤立した存在が、自分以外のもののなかにおぼれこむ［自分を失う］のだ。……もちろん情熱は、対象におぼれこみながら味わう快感の持続を求めるが、その最初の動きは、他者の中に自分を忘れることにあるのではなかろうか。したがって、利害の計算から逃れて、現在の瞬間の強烈さを味わうまでにいたるいかなる動きも、すべて根源的には同一のものだ……」（『文学と悪』37―38）。つまりバタイユは、キャサリンとヒースクリフの中に、愛欲場面を書き込んだ凡俗の恋愛小説をはるかに超える性と死のダイナミズム、「死のなかに、不可知な不可解な連続性への抜け道を発見」する術を見出したのだ。これが可能になったのは、キャサリンのエドガーとの結婚と産後の死という「断絶と死」を通して、彼女とヒースクリフが「存在の無垢性」を獲得し、キリスト教が聖なるものとする結婚の外で「他者のなかへのおぼれこみ」を敢行し、「現在の瞬間の強烈さ」を徹底的に味わうという禁忌を犯したからである。これは、宗教が「失神状態《トランス》」「恍惚状態」「神病的状態《テオパティク》」とか呼ぶもの、「生の維持に対する解脱であり、生を保証しようとする一切のものへの無関心……無限であるという歓喜の中に急に解放される、あの生の直接の運動への抜け道」（『エロティシズム』362）を探り当てたということである。宗教的な禁欲によってたどり着けるとされる「神病的［神人融合的］」状態においては、主体は「宇宙と自己自身の無差別かつ無制限な現存の中に見失われ……永遠となった瞬間の中に吸収されてしまう」（365―66）。バタイユは、この「神秘的状態」に入るためには「肉欲を忘れるという原則」が必要だとするキリスト教の立場に疑問を呈する。「計算に基づいた決意が、とくに［性生活の］断念が、神秘的生活の可能性を支配する無関心の状態と両立しうるものであるかどうか、私はひたすら疑問に思う」（366―67）のである。「計算」からはこのような状態には到達できないというのだ。むしろ彼は、エロティシズムこそこれを、保障はしないかもしれないが、可能性を開くと思っているようだ。

近代とはチャールズ・テイラーがいうところの「日常生活の重要性」に目覚めた時代である。その意味でいえばヒースクリフは近代人ではない。彼にとって日常は何の価値もなく、妻となったイザベルも息子のリントン・ヒースクリフもただ生への復讐の道具にすぎない。キャサリン死後の一八年間、彼の夢は彼女とのあの無垢の日々の奪回にのみあった。一方「日常生活の重要性」を取ったかに見えるキャサリンも、エドガーとの日常は何ほどのものでもなく、ただ非日常的なレベルでのヒースクリフとの再合体を希求するばかりだ。つまりバタイユ的な意味でのエロティシズムを生きることはこの二人にしか叶わなかったのだ。とすれば、近代的知性の産物であるエロティシズムは近代人には手に入らないという巨大な逆説が成立する。バタイユが直視しようとしていたのはこの事態ではないか。その彼からすれば、ロレンスの「太陽とともに始めよ」的な自然神秘主義的方向性も、その達成については大いに疑問だということになろう。ロレンスがいうように、禁忌を犯すことにしか悦びを見出せないというのは知性の巧妙なトリックだ。しかし最初の近代人であるブレイクが「隠れて食べる菓子はおいしい」といったときに発見した知性の巧緻、あるいは「歪み」は、近代人に取りついた呪いであり、この呪いを直視しない提言は、いかにそれが健全を目指そうとも、バタイユやブレイクには受け入れられないであろう。彼らなら、むしろロレンスがときおり描く倒錯的、あるいは性神秘主義的な行為の方が、はるかに真相に迫っていると考えるであろう。

性倒錯と想像力

サドやバタイユに典型的に見られるこうしたエロティシズム観、すなわち通常の性行為では得られない強烈な快感が性の禁忌の侵犯によって生まれるという強迫観念的な捉え方は、例えばロレンスが批判したような意識の有様とは別の形、つまり想像力や創造力といった言葉に象徴される意識の能動的な側面に、逆説的に光を当ててくれる。「性の禁忌の侵犯」とは「正常」の境界線を越えることであり、その意味では、当事者に「侵犯」の意識があるかないかを別にすれば、性倒錯とほぼ同義である。これはつまり、性倒錯という現象を考えることは、人間の想像力、およびその物質世界での表現である創造力の問題を考えることにつながるということだ。

人間が意識をもち、自意識あるいは内省能力を獲得し、自分を外側から見られるようになったことは、人間の進化において決定的なことであり、そしてこの事実は、ロレンスが「両刃の祝福」と呼んだように、見る角度によって正反対の相貌を見せる。「功」と見えるのは、意識の拡大が生み出す想像力の獲得とそれに伴う世界観・人生観の拡大で、これについては後に論じよう。「罪」と見える側面の一つは、自己の死を意識し、それに恐怖を抱くようになったこと（動物は死期を「悟る」かもしれないが、おそらく「恐怖」は覚えないだろう）、もう一つが知性化した性だ。なぜこれが「罪」かといえば、性がその最も大きな影響を人間に与える部分、すなわち恍惚とか相手との融合、バタイユのいう原初の連続性の（一時的）奪還に全面的に没入できなくなるからだ。レヴィ＝ブリュール風にいえば、古代人や未開人が享受していたとされる「神秘的没入／融即」に与れなくなったことだ。（バタイユは、レヴィ＝ブリュールが「石と融即できる」という「思考様式を原始人に結びつけたのは間違いだった」（222）といって、この様式が近代人にも生き延びていることを示唆している。フェティシズム、あるいは興味のある作業に全面的に没頭しているときの人間の心理などを考えると、この指摘は正しいように思われるが、しかしこの「能力」が近代以降圧倒的に退化していることは否めない。）あることを経験している自分を見る自分が常にいるという状況は、こうした世界や他者との全面的・有機的関係を人間から奪ってしまった。その最も先鋭的な結果が性において現れたとロレンスは見るのである。本節の目的は、この意識のもつ二面性は、人間の性意識にどのような影響を与えてきたのかを探ることである。

コリン・ウィルソンはこの影響を最も積極的・肯定的に受け止める論者の一人だろう。彼はその多くの著書で、性倒錯や連続殺人、あるいはオカルトといった、いわゆる「際物」を取り上げているが、どの著書でもその主張はほぼ一定で、大雑把にいえば、人間が動物から脱して(自)意識を手に入れたことは功罪両面をもたらしたが、功のほうが大きかった、というものだ。

『性の衝動』の中でウィルソンは、バタイユとある意味でよく似た視点を打ち出している。それは、性衝動あるいは性行為は宗教と同じく「日常の世界の超越」(94)を垣間見させてくれるというものだ。より具体的には、『他者』の疎外性」(95)を取り除き、その結果『我―汝』の意識の消滅」(147)が起こるという。これはバタイユの「連続性」、すなわち自己の全一性の奪還と同様の、性を超越的レベルに接続しようとする視座である。そしてこの性衝動が十分に満足させられれば、存在論的不安におののいている近代人は大きな安堵を手に入れることができる。しかしここでの問題は、この安堵が本質的に一時的なものであるということだ。なぜ本質的かというと、それは意識の努力なしに純粋に肉体のレベルで起こることだからだ。つまり肉体がオーガズムを経て元の状態に戻れば、それによって引き起こされた恍惚的意識状態も必然的に元に戻らざるをえない。ウィルソンはロレンスの「宣言」という詩を引用し、そこで描かれている、「死よりも赤く、欲求してやまぬ、女への飢え」が、ある女性（後に妻となるフリーダ）によって最終的に満たされたという描写に疑問を投げかけ、「人間は最初の満足な性経験を持った場合、なにか永久的なものを与えられたと感じはしない」（108）と言い切っている。その理由はやや要領を得ないものだが、前後の文脈からすると、ロレンスが描く「最終的満足」が性衝動の強い再帰性と相反するということらしい。これを彼は、フロイト的に「欲望のサイクルを繰り返そうとするわれわれの生物学的傾向」（95）とか、またもっと直接的に、「性の衝動だけが、飽満したあと数時間で減退しない力をもって再建される」（105）と表現している。この点は、フロイトが「反復強迫」という言葉で定式化した概念、すなわち「反復すること自身、つまり同一性を再発見すること自身が、快感の源になっている」（「快感原則の彼岸」172）を俟つまでもなく、大半の人間が経験から確認しうることであろう。しかしこれは、ロレンスのこの詩に表れている「エピファニー」を否定あるいは疑問視するということとはレベルの違う問題だ。しかしここで注目すべきは、ウィルソンのロレンス解釈の当否よりも、むしろ、多くの人間にとって性衝動は強く再帰し、それが何らかの形で性倒錯への道を開いているのではないか、そしてまた、この性倒錯の問題は、逆説的に、人間の意識の拡大、あるいは想像力・

創造力の問題に関係していると思われる点である。（周知のようにフロイトは、本能とは「以前のある状態を回復しようとするもの」（172）だとする見方を極限まで推し進め、快感原則は「以前」の究極、すなわち生前＝死を目指すというところまでいった。「快感原則は、まさに死の本能に奉仕するもののように思われる」（194）と。有名な「エロスとタナトスの闘争」の誕生である。）

性行為は「精神を集中させ……偶然に支配されているという感覚から逃れ」（『性のアウトサイダー』56）させてくれる。さらには、自分が「完全に満たされた存在であるという瞬間的な感覚」（『性の衝動』100）、「何か神秘体験に似た、全面的肯定の感覚を生み出す力」（『性のアウトサイダー』244）、いわば自分を神と感じるような全能感を与えてくれる稀有な効果をもっている。バタイユは「全体的な人間とは、その生が〈無動機的な〉祝祭である人間なのである」（『ニーチェについて』35）といっているが、性行為は人間に許された数少ない「無動機的な祝祭」の一つといってもいいだろう。しかし残念ながらこの「祝祭」はその都度終わる運命にある。もちろんこの恍惚感は性行為の都度復活するのではあるが、この性的満足も、『わが秘密の生涯』の作者やフランク・ハリス（この二人については後述）、あるいは屍姦愛好者であったベルトラン軍曹といった、強大な性欲をもつ一部の人間を除くとマンネリ化する。そこで人間はなんとかこれを「永続」させようと考えるわけだが、そこで人間が目をつけたのが、サドやバタイユと同様、常軌を逸すること、あるいは禁忌を侵犯することであった。ウィルソンは、D・Wというある性犯罪者を論じる中で、D・Wは「倒錯によって、たいていの人が一生かかって得るよりも『絶対的に満足な性経験』にもっと近づくことができたと主張したであろう」(『性の衝動』147)と推測している。同じ点をフロイトは、もっと抑制のきいた口調でこう述べている。「自我に拘束されない荒々しい欲動の動きを満足させたことから生まれる幸福感は、飼い馴らされた欲動を堪能させた場合の幸福感とは比較にならぬほど強烈である。常軌を逸した衝動の持つ抗しがたい魅力は——いやおそらくは、禁じられたもの一般の持つ魅力もまた——ここにその心理エネルギー管理配分機構上の存在理由を持っているのである」(「文化への不満」443)。要するに性倒錯は、人間に組み込まれた、あるいは進化の過程で身につけた、生殖のための性衝動の強い再帰性から無意識のうちに逃避し、強烈な存在感と一層強い「全能感」を手に入れようとする試みだといえるだろう。

先にも触れたが、この全能感、あるいはバタイユのいう「連続性」の再獲得の方法として、人間が本来もっているとされる自分の中の「両性具有」性の意識化に注目する人たちがいる。これはもちろん、プラトンが『饗宴』で述べた、本来完全体であった人間は太古に半分に分割され、それ以来失われた半身を求め続けているという「神話」に淵源するのだが、近代におけるその最大の唱道者はフランツ・フォン・バーデルであろう。その説くところによれば、「人類はアンドロギュヌスに立ち帰らなければならない」。エレミール・ゾラも同様に、アンドロギュヌスは「両極性から単一性への帰還」（6）を象徴しているという。エリアーデも両性具有に同様の象徴性を見る。「男女相互の変装と象徴的両性具有とは、狂騒的儀礼と同類のもので、「儀礼的な〈全体化〉、対立の再統合、原初の未分への遡行」が認められ、「〈混沌〉、『創造』に先立つ分化されていない統一への象徴的回復」（145）を目指すものだという。バーデルとユングから影響を受けたジューン・シンガーも、「男女両性具有性」を「全一―総体性」（36）の象徴と見、「追求すべき理想」（191）として見ている。そしてその根拠もこれまで見てきた論者と基本的に同じで、「根本的に愛を取りまく不安」、「存在そのもののために必要な他者から切り離されてしまうことの恐怖」（171）から生まれているという。(5) 人間とは性的に分化された存在である。前に見たラカーのいう「ワンセックス・モデル」はその意味では、両性具有を理想視する古代の精神が無意識のうちに発案したものかもしれない。しかし機能としての性がはっきり違う以上、人間は何とかしてこの事実を乗り越えなければならない。人間の性への注目は、こうして肉体的・欲望的関心とは別のレベルでも生じたのである。そうした、いわば形而上学的な視線からすれば、「性愛を繁殖の本能と混同するのは重大な誤謬」で、性愛の真の機能は「男性および女性を完全な人間のすがた（つまり原初の神聖なすがた）に還元すること」（澁澤420）だとするのは、けだし当然であっただろう。

しかし、たとえ自分の肉体を通した行為とはいえ、自己の中の両性具有性の再認識は、自己の内部の探求というきわめて難しい作業を必要とする。単にセックスの快楽を楽しんでいるだけではこの認識には到達できないのだ。その点、性倒錯は、上で述べた「全能感」を体験する上で一番手っ取り早いのかもしれない。ここで前に概観した岸田の論を思いだそう。彼はフロイトに倣って、性倒錯はきわめて一般的な現象だという。すなわち、「第一次思春期のリビドーは、正常な性交による満足を得ることができないので、必然的に、それ以外に可能なあらゆる方法で満足を得よう」とし、「近くにあるどんなものにでもとりつく」。これが「幼児の多形倒錯」で、それゆえ人間は「まず性倒錯者であって、教育やその他の努力の結果、正常者になる」のだという。次いで第二次思春期では、性器が完全に成熟し、またそれを「正常」だとする社会通念があるので、人間を「正常な性行為」へと後押しするのだが、しかし以前の名残からこの移行は決してスムースには進まず、「激しい闘争」（『ものぐさ精神分析』96―97）の結果、大部分のものが「正常」になるのだという。これは逆にいえば、「正常」なものの中にも倒錯的要素は、濃淡の違いこそあれ残っているということだ。しかし後に検討するように、この見方では、なぜ性倒錯がある時代から急激に増えたのかという疑問には答えられない。

すでに見たように、一部の強烈な快感、あるいは生の高揚感を求める者は、この自己の中の倒錯的要素を自己増殖させ、ついには「許容される」性倒錯から一線を越えて性犯罪へと入り込む。ウィルソンは「性犯罪は通常、感情発達の中絶、たとえば、結果は考えないで欲しいものをつかむ子供の傾向と似ているようだ」（『性の衝動』166）というが、たしかに彼らは何かしらこの子供っぽさを感じさせる。そしてこのことは逆に、性倒錯と性犯罪を隔てるものは非常に薄い膜一枚であることをも示している。つまり性犯罪は、全能感を求めるというそれ自体は健康な衝動が、ほしいものを性急に求める幼稚さによって生じた望ましからぬ結果なのである。あるいは、ブレイクが「永遠の悦び」と呼んだ「エネルギー」が誤った水路に流れ込んだ結果だともいえよう。

これまでの論から明らかなように、性犯罪という禁忌の侵犯は何らかの形でその行為者に恍惚感あるいは全能感を与えるようだ。これはウィルソン、バタイユ、サドに共通の認識である。彼らの論の前提には、近代が生み出した個人の疎外、つまり「ひとびとはみな、火星人のように疎外された異邦人」（『性の衝動』165）で、「自分たちの社会に対してなんの関係も感じない」（166）といった疎隔感がある。しかしウィルソンが取り上げる性犯罪者が、そうした疎隔感の超越のために自分の性欲を子供のように一挙に充足させようとするのに対して、バタイユが語る不安と強迫観念を抱く者ははるかに形而上学的で、両性具有に象徴される原初の理想状態の再獲得という、通常の性犯罪者がまったく意識しないような目的をもっている。たとえその倒錯が殺人という極端な形をとるにせよ、通常の性犯罪者が子供のように快楽に飛び込むのに対して、バタイユが論じる近代人は、「エロティシズムは、その恐怖が単純に肉の死を想起せしめるような何らかの堕落を引き起こすことによってのみ、十分な意味をもつのであり、それ自身の中に開かれた可能性を見出す」（345）がゆえに、この究極の禁忌を犯すのである。

この違いは重要ではあるが、しかし本稿の目的にとっては二義的なものだ。ここで明らかにしたいのは、そうした倒錯者・犯罪者の内的深さではなく、彼らがおしなべて、近代が生み出すさまざまな「病」に、倒錯あるいは犯罪という形で反応せざるをえなかったという点、そしてその反応の背後には、性の領域への意識あるいは想像力の奇妙な形での侵入が見られるという点、さらに、それは現在そしてこれからの人間にとって大きな意味をもつだろうという点である。

ポルノグラフィと想像力

これらの点を考察する上での便利な切り口は、ポルノグラフィと呼ばれる性に関する想像力の産物であろう。近代に入って人間の想像力は飛躍したと多くの評者が述べているが、ウィルソンはそれを、サドが生まれた一七四〇年と、性科学という学問領域の開拓者の一人であるクラフト＝エビングが生まれた一八四〇年の間に起きた性倒錯の異常な増加と結びつける。そしてその答えを、「人間は以前よりはるかに想像力を働かせる術を学んだ」（『性のアウトサイダー』100）ことに見出す。つまりこの期間に「想像力革命」が起き、その結果人間は現実を離れた想像の世界に遊ぶことができるようになったという。その画期が、それまでなかった「新奇なもの（novel）」＝小説の誕生である。(6) そして最初の近代小説の一つが、奇しくも最初のポルノグラフィと見なされているサミュエル・リチャードソンの『パミラ』であった。若い小間使いの女性がさまざまな性的苦難を切り抜けるこの物語の「リアルな性描写」に、当時の読者は「度肝を抜かれたにちがいない」（101）。前にリン・ハントの、これ以前にもポルノグラフィ的な書物が宗教的、政治的目的で書かれたという指摘を紹介したが、『パミラ』は目的だけでなく、その本質においてもこれ以前の性を描写した作品とは異なるとウィルソンはいう。つまりボッカッチョやラブレーの作品は「セックスを生活の一部として捉えている」からポルノグラフィではないというのだ（ここにチョーサーを加えてもいいだろう）。しかし小説の勃興によってヨーロッパは想像力を働かせることを覚え、「さらに想像力が性に適用された結果、ポルノグラフィが、そして『性倒錯』が生まれた」（116）。なぜ性倒錯とポルノグラフィの誕生が足並みをそろえたかといえば、「想像力が性的満足をあたえてくれる物を自由に選択できるからだ」（256）。要するに、この『パミラ』という小説を画期として、性的欲求不満の解消に想像力が乗り出してきたのだ。

『パミラ』出版の七年後に、その影響を濃厚に受けたジョン・クレランドという無名の著者が『ある娼婦の回想』（普通は『ファニー・ヒル』と呼ばれる）という本を出版し、一夜にして財を成す。この本はその後の代表的なポルノグラフィ、例えばウォルターという筆名で出版された『わが秘密の生涯』（一八八八―九五年）やフランク・ハリスの『わが生涯と愛』（一九二二―二七年）といった、長大かつ偏執狂的な性愛文学の嚆矢となった。こうした、現在ではポルノグラフィと総括される作品がすべて小説だというのは偶然ではない。ウィルソンはその意義を、はるかに古い領域である演劇と比べて、「人間の頭脳」を劇場とし、「世界そのもの」を背景とした小説によって「精神的・文化的革命がおき、そこから近代人が誕生した」（123）と、きわめて肯定的に評価している。自身いくつかの「ポルノグラフィ」をものしたバタイユも、「エロティシズムにおいて、……吝嗇な現実が、閉ざされた現実を表現している秩序が、充血の無秩序によって揺り動かされる……」（151）と、彼特有の言い回しで語っているが（「吝嗇な現実」とは秀逸な表現だ）、要するに言説化されたエロティシズム、すなわちポルノグラフィには現実を揺り動かす力があるといっているのだ。

今読めばどうしてそうなったのか想像に苦しむことだが、ロレンスも『虹』をポルノグラフィと判定され、焚書の憂き目に遭った。ポルノグラフィ作家の烙印を押されたため、それ以後の出版にはひどく苦労することになるが、最後の長編、『チャタレー卿夫人の恋人』では、死期を意識していたのか、個人出版という形を取ってでも、書かねばならぬことをすべて書こうとした。そこには **“fuck”**（性交）や **“cunt”**（女陰）といったいわゆる「四文字言葉」の使用も含まれていた。それは「ショック療法」をねらった確信犯的行為だが、さらにロレンスは一般に倒錯的と見なされる行為、すなわち肛門性交を描いているらしいのだ。「らしい」というのは、むろん描写が曖昧だからだが、「恥辱を焼き尽くす」とか、肉体への入り口（開口部）を複数形で書くなど、そう読まれても仕方がない、あるいはそれをねらっているとしか思えない描写がある。実はこれ以前にも、『虹』に続く長編『恋する女たち』でも肛門性愛を強く示唆する描写が出てくる。アーシュラは恋人バーキンを抱きしめ、その背中から、脇腹、腰と手を滑らせ、ついに「彼の暗黒の源泉」をしっかり押さえる。そのとき、「何ものも損なうことのできない豊かさの荘厳さの感覚が彼女の心に洪水のように押し寄せ、気絶しそうになった。それは最も素晴らしいものを神秘的なまでに確実に手に入れたことから生じる死だった」（*WL*, 316）。これを例えば、現代のポルノグラフィと比べても遜色ない『ファニー・ヒル』のどの一節とでもよいから比べてみると、ロレンスをポルノグラフィ作家と呼ぶことのばかばかしさというか、むしろ空しさがよくわかる。それでも彼はそう呼ばれることを強く拒否し、「ポルノグラフィと猥褻」という論文や、作家には珍しく『チャタレー卿夫人の恋人』について」という自作の解説文まで書いて、自分の書いたものがいかにポルノグラフィと異なるかを力説している。しかしここで重要なのは彼の「弁明」ではなく、ロレンスも性的喚起力のある文章を、何かを変えようという目的で書いたという事実である。通常の性行為が示唆されている「宣言」で描かれたように、もしそれで性の飢餓が終局的に鎮められるのであれば、このような「倒錯的」行為を描く意味はないはずだ。本稿ではこの点をこれ以上掘り下げる紙幅がないが、ここで確認しておきたいのは、詩でも演劇でもなく、小説という形式で掻き立てられる想像力が近代人の精神のありかたにぴったりフィットしたらしいということだ。この形式が近代人の必要にいかに応えたかは、その後の文学諸ジャンルにおける小説の圧倒的隆盛が証明している。

おわりに

ポルノグラフィの機能は、いうまでもなく性的興奮を読者に喚起することだが、ではそれを書く者は何を目指しているのであろう？　ロレンスのように世界と人間を変えるためのショック療法ととらえている作家は少数派ではなかろうか。金を儲ける（名声はやや望みにくいから）といった世俗的な欲求を除けば、その最大の理由は性の意識化であろう。先に触れた『わが秘密の生涯』という四千頁を超える謎めいた著作は、現代におけるポルノグラフィの金字塔といっていいが、この作品が有名になったのはスティーヴン・マーカスが一九六六年に『もう一つのヴィクトリア時代』で詳細に論じて以来のことだ。しかし彼のその結論――「強迫観念の命じるがままに実行する勇気を持っていたという事実こそ、著者の、数ある非凡な――そして驚嘆すべき――特徴の一つである」（264）――は、本稿の主旨からいえば最も重要な点を見逃している。これは「勇気」の問題ではなく、「ウォルター」が四千頁にわたってなぜかくもくだくだしく自分の性遍歴を書き綴らねばならなかったのかという彼の心理こそが最大の注目点なのだ。つまり彼をこの偏執狂的な作業につき動かしていたのは、言語化することで、ある体験を真に自分のものにしよう、自分を、体験の、そしてその積み重ねである人生の「主人」にしようという目論見だったのではないか。ウィルソンは「サドやスウィンバーンや『ウォルター』の場合、セックスとは自分を顧みるための奮闘」(『性のアウトサイダー』242)だといっているが、これはセックスそのものより、それについて書くことにより一層当てはまるだろう。つまりそのとき人間は、「想像力によって自分が置かれている情況を捉えようとする」(258)のである。

この想像力には二つの側面がある。一つは「今、ここ」を超える力を与え、生の可能性を広げる力をもっていること。しかし同時に、その同じ力が、「今、ここ」＝現実との接点をぼやかし、存在感覚を弱めることである。前者は現在の自分の状態や行為を「客観的」に眺めることを可能にする。ウィルソン的にいえば「鳥の視点の獲得」といえようし、グルジェフ的にいえば「客観的意識の(一時的)獲得」ともいえよう。一方後者は、想像力の白昼夢的・逃避的な側面である。ということは、二つの側面と見えるものは実は一つのものの両面、あるいは一つの「力」をその持ち主がどう使うかで表れ方が異なる、ということであろう。しかしここで重要なのは、ほとんどの人間にとってこの二面は意識的に使い分けることが難しく、たいていは無意識のうちに後者、すなわち白昼夢的に想像力を使っているということだ。グルジェフはこの状態を「人間は眠っている」と表現した。

こうした状態を考えるなら、人間が性という「全能感」を与えてくれる自己の機能に生殖を超えるものを見出したのは、けだし当然といえよう。しかしその「全能感」は肉体の機能そのものによって一時的なものに制限されており、おまけに人間の性は知性化・「心理化」（『性のアウトサイダー』360）されている。「本能が壊れている」のだ。そこで生の意義に鋭敏な一部の人間はなんとかこの袋小路を突破しようとする。その時に着目したのが、知性化された性を逆手にとって、度はずれた性的行為（性倒錯）が生み出すエネルギー、バタイユがエロティシズムと名づけたものを利用することだった。それによって卑小な現実に縛りつけられた自分を超出し、時間に縛られていながら時間を超えた存在であることを実感することのできる、いわば「永遠の目」＝全能性を獲得しようとしたのである。「同性愛、サディズム、マゾヒズム、フェティシズム、窃視症、露出症、放火狂、窃盗狂、獣姦症、屍姦症、老姦症、童姦症」（『ものぐさ精神分析』99）、さらには近親相姦、性的殺人にまで至る、行為者自身もその理由がわからず、社会的にはおぞましいとして弾劾され続けてきた枚挙に暇もない倒錯は、こうした想像力の近代における「誤用」であり、その徒花だったのである。(7)

しかし、だからといってロレンスや、想像力を「人類にひどい禍いをもたらした」ものと見るルソーのように、この想像力、そしてそれを可能にした自意識を弾劾しても問題の解決にはなるまい。ウィルソンは、彼が目指す「新実存主義」構築のためには、「反復の機構をさまたげる方法を考案する」、すなわち「性の経験の意味をいくらかでもつかむための概念＝言語を創造する」(119)ことが必要だといっているが、これは本稿のテーマである性と想像力・創造力との関係の解明に有効な視点である。言語による概念／シンボル操作は人間にしかない能力だ。それは動物の自然さ・自発性を失うという「犠牲」の上に構築された。ポルノグラフィはこの機能を使って地下世界に咲いた「悪の華」であるが、しかしその使用自体が間違っているわけではない。人間はこの機能と共存していくしかないのだ。それなら、その「両刃の祝福」である機能をフルに使って、性を含めた人間を取りまく現実をより深く理解する道をたどるのが最良の選択であろう。いずれにせよ、宿命によって手に入れざるをえなかったこの想像力をいかに使うかは、これからの人類に託された巨大な難問である。

注

(1) 以下、特に断らなければ、岸田秀からの引用は本書からとする。

(2) アシュレイ・モンターギュによれば、この語は「一八八四年にバーゼル大学の動物学教授であったユリウス・コルマンにより、イモリなどの動物が幼形のままで性的に成熟するような変態過程を記載するために用いられた」（283）という。その後この説を唱えた学者は多いが、その中で最も影響力があったのがボルクである。

（3） この点について、後に見るトマス・ラカーはルソーの見方を紹介している。「ルソーが想定した自然状態における欲望の性的な段階［生殖のみを目的とした動物的性欲］は、どうして喪失されたのか。ルソーは、人間の行動範囲が拡大したことや、労働の分割が進んだこと、そして人間が動物を支配するにつれて、『自らの種の優先権を主張しはじめ、のちに彼が個人の権利を主張する下地をつくった』ことなどを理由としてあげている。この過程で、欲望は個人化し、愛情の精神的な側面（彼はそれを「人工的な感情」と呼んでいる）が生じて、想像力（「それは人類にひどい禍いをもたらした」）が誕生する……」（267）。ルソーがあげる理由は十分に説得的ではないが、その過程で生じたことは近代についても当てはまる。特にその過程で想像力が生まれたという指摘は重要である。

（4） 以下、特に断らなければ、バタイユからの引用は本書からとする。

（5） この「必要な他者」の最たるものはむろん母で、その意味では、この指摘は土居健郎の「甘え」の考え方と酷似している。土居は甘えを、「母子の分離の事実を心理的に否定しようとするもの」と定義するが、すぐにこれを一般化して、「人間存在に本来つきものの分離の事実を否定し、分離の痛みを止揚しようとすること」（118）と、母子関係以外にも見られる傾向であるとする。土居はその克服法として両性具有的なるものを立てないが、この違いは土居と両性具有論者の目的の違いから必然的に生じるものだ。精神科医としての土居は、患者を「正常」、つまり人類の多数派に引き戻すことを目的とするが、バーデルらの目的はより形而上学的なものである。

(6)　小説の誕生についてはむろん諸説ある。ルカーチは早くもダンテに「純粋な叙事詩から小説への歴史哲学的な過渡期」を見ている。すなわち「彼の描く人物たちはすでに個人」(77)だというが、この「個人」はむろん本稿でいうところの近代人である。また伊藤誓は、近代小説は一八世紀の英国において誕生したという「定説」のもととなったイアン・ワットの『小説の勃興』を、「一九世紀以降に定型化した一部の小説から抽出された小説概念を鵺のごとき一八世紀小説に押しつけるアナクロニズム」(9)だとして排し、あるいは「小説は神に見捨てられた世界の叙事詩である」(27)という言葉で小説の近代起源論を容認しているかのごときルカーチをも部分的には批判しつつ、古代ギリシア・ローマのロマンスから説き起こして、小説の起源を探っている。

(7)　本稿では同性愛についてはほとんど論じなかったが、それは現在ではこれを「性倒錯」に入れるかどうかは微妙な問題だと思うからだ。しかし周知のように、ヨーロッパでは同性愛は長く倒錯と見なされ、英国などにおいては一九世紀まで極刑の対象であった。二〇世紀の代表的かつ開明的な性科学者であるハヴロック・エリスでさえ、一九二八年の時点でこう書いている。「同性愛者はそれ自身の生体の構造の中にすでに刑罰を受けているのである。たとえ倒錯は嫌悪すべきものであっても、我々は、自分ではどうすることもできない彼らを保護しなければならない」(327―28)。差別的視線を科学的態度で何とか隠そうとしているようだ。しかし藤田博史

のようにラカンを援用する最新の性倒錯の研究においても、同性愛を倒錯と見る者もいる。(第二章、第三章参照)

引用文献

伊藤誓『〈ノヴェル〉の考古学─イギリス近代小説前史』法政大学出版局、二〇一二年。

ウィルソン、コリン『性のアウトサイダー』鈴木晶訳、青土社、一九八九年。

ウィルソン、コリン『性の衝動─新実存主義への道』大竹勝訳、竹内書店、一九六四年。

エリス、ハヴロック『性の心理4　性対象倒錯』佐藤晴夫訳、未知谷、一九九五年。

岸田秀『性的唯幻論序説』文藝春秋、一九九九年。

岸田秀『ものぐさ精神分析』青土社、一九九二年。

サド、マルキ・ド『悪徳の栄え』澁澤龍彦訳、角川書店、一九六九年。

サド、マルキ・ド『閨房哲学』澁澤龍彦訳、角川書店、一九七六年。

澁澤龍彦「アンドロギュヌスについて」『ちくま日本文学全集　澁澤龍彦』筑摩書房、一九九一年。

シンガー、ジューン『男女両性具有』藤瀬恭子訳、人文書院、一九八一年。

ゾラ、エレミール『アンドロギュヌスの神話』川村邦光訳、平凡社、一九八八年。

ディナーステイン、ドロシー『性幻想と不安』岸田秀、寺沢みずほ訳、河出書房新社、一九八四年。

土居健郎『「甘え」の構造』弘文堂、一九七一年。

バタイユ、ジョルジュ『エロティシズム』澁澤龍彦訳、二見書房、一九七三年。

バタイユ、ジョルジュ『ニーチェについて』酒井健訳、現代思潮社、一九九二年。

バタイユ、ジョルジュ『文学と悪』山本功訳、ちくま学芸文庫、一九九八年。

ハント、リン編著『ポルノグラフィの発明　猥褻と近代の起源　一五〇〇年から一八〇〇年へ』正岡和恵、末廣幹、吉原ゆかり訳、ありな書房、二〇〇二年。

フーコー、ミシェル『性の歴史Ⅰ　知への意志』渡辺守章訳、新潮社、一九八六年。

藤田博史『性倒錯の構造―フロイト／ラカンの分析理論』青土社、一九九三年。

フロイト、ジグムント「快感原則の彼方」『フロイト著作集６』井村恒郎、小此木啓吾、他訳、人文書院、一九七〇年。

フロイト、ジグムント「文化への不満」『フロイト著作集３』高橋義孝他訳、人文書院、一九六九年。

マーカス、スティーヴン『もう一つのヴィクトリア時代―性と享楽の英国裏面史』金塚貞文訳、中央公論社、一九九〇年。

モンターギュ、アシュレイ『ネオテニー　新しい人間進化論』尾本恵市、越智典子訳、どうぶつ社、一九八六年。

養老孟司『日本人の身体観』日本経済新聞社、二〇〇四年。

ライヒ、ヴィルヘルム『オルガスムの機能』渡辺武達訳、太平出版社、一九七三年。

ラカー、トマス『セックスの発明―性差の観念史と解剖学のアポリア』高井宏子、細谷等訳、工作舎、一九九八年。

ルカーチ、ジョルジ『小説の理論』原田義人、佐々木基一訳、ちくま学芸文庫、一九九四年。

Blake, William. Ed. David V. Erdman. *The Complete Poetry & Prose of William Blake.* New York: Doubleday, 1988.

Lawrence, D. H. *Lady Chatterley's Lover.* Ed. Michael Squires. Cambridge: Cambridge University Press, 1993. (*LCL*)

Lawrence, D. H. *Reflections on the Death of a Porcupine.* Ed. Michael Herbert. Cambridge: Cambridge University Press, 1988. (*RDP*)

Lawrence, D. H. *Women in Love.* Ed. David Farmer, Lindeth Vasey, and John Worthen. Cambridge: Cambridge University Press, 1987. (*WL*)

あとがき

京都橘大学女性歴史文化研究所叢書は現在までに『〈悪女〉の文化誌』(晃洋書房、二〇〇五年三月)、『女の怪異学』(同、二〇〇七年三月)、『母と娘の歴史文化学』(白地社、二〇〇九年三月)の三冊を刊行してきた。本書は叢書の四冊目として世に出ることとなる。

本書のテーマはトランス・ジェンダーである。生物学的な性を意味する「セックス(sex)」に対して言語学的な性(フランス語に見られる男性名詞、女性名詞の区別など)を示す用語だった「ジェンダー(gender)」が、社会的・文化的な性のありようを意味することばとして私たちの前に現れたのは一九七〇年代だった。取り替えようのない宿命としての固定的な性(セックス)に比べて、可変的で流動的な性のありよう(ジェンダー)を認めたことは、私たちの考え方の風通しを多少なりともよくしてくれるものだったと思う。それ以降ジェンダーをめぐる考察がさまざまな分野で登場してきたことはあらためて言う必要もないだろう。

しかし、本書に収められた論考が明らかにしているのは、ジェンダーという概念が求められるようになるずっと前から、洋の東西を問わず、トランス・ジェンダー的な発想にもとづいた文芸や芸能などが生み出され続けていたということである。性における反対側への越境(トランス)がこれほどまでに私たちを魅了するのはなぜか。これは、私たちの中に、変更不可能としか思えないものを乗り越えてこれまでとはまったく異なる世界を獲得したいという根源的な欲求があったことを意味しているのではないだろうか。トランス・ジェンダーは、その欲求の一つの、典型的な現れだったのかもしれない。

与えられた性としてのセックスがもつ抑圧の側面を、ジェンダーという概念によって解釈しなおしたり乗り越えようとしたりする試みが続くなかで、近年の生物学の知見は、現実は実はその先にある、という可能性を示唆しているように思える。福岡伸一『できそこないの男たち』（光文社新書、二〇〇八年）によると、生物の基本仕様《デフォルト》は女性であり、それを作りかえたもの《カスタマイズ》が男性だというのである。つまり、生物は、性未決定な状態からある分岐点で男性と女性に分かれていくのではなく、まず女性として生まれてきて、場合によっては、何らかの要因で男性に変わっていくということである。そうだとすると、二つの性の違いは私たちが思っているよりずっと小さいものなのかもしれないし、「私」という一つの人格の中に男性性と女性性が共存していてもおかしくないのかもしれない。性をめぐる問題はこれからも私たちを魅了しつづけるのだろう。

本書の出版にあたって京都橘大学から学術出版助成をいただいた。記して感謝の気持ちとさせていただきたい。

二〇一二年一〇月

安達　太郎

蒲《かば》　豊彦《とよひこ》　1957年生まれ，京都大学大学院博士後期課程満期退学，文学修士，京都橘大学教授，中国近代史・近代中国語専攻，「地域史のなかの広東農民運動」『中国国民革命の研究』(1992年)，「宣教師，中国人信者と清末華南郷村社会」『東洋史研究』62巻3号（2003年)，「庶民のための書き言葉を求めて—清末から民国へ」『二十世紀中国の社会システム』(2009年)

浅井《あさい》　雅志《まさし》　1952年生まれ，マンチェスター大学大学院博士課程修了，博士（文学)，京都橘大学教授，近代英文学専攻，*Fullness of Being: A Study of D. H. Lawrence*（リーベル出版，1992年)，*Englishes: Literature Inglesi Contemporanee*（共著，Rome: Pagine，2002年)，『モダンの「おそれ」と「おののき」』(松柏社，2011年)

執筆者紹介（執筆順，＊は編者）

辻本《つじもと》　千鶴《ちづ》　1961年生まれ，立命館大学大学院文学研究科博士後期課程修了，文学修士，京都橘大学助教，日本近代文学専攻，『小説の中の先生』（共著，おうふう，2008年），『母と娘の歴史文化学―再生産される〈性〉』（共著，白地社，2009年），『「職業」の発見』（共著，世界思想社，2009年）

細川《ほそかわ》　涼一《りょういち》　1955年生まれ，京都橘大学教授，日本中世史・日本文化史専攻，『関東往還記』（平凡社東洋文庫，2011年），『楳図かずおと怪奇マンガ』（白地社，2012年），『日本中世の社会と寺社』（思文閣出版，2013年）

＊野村幸一郎《のむらこういちろう》　1964年生まれ，立命館大学大学院文学研究科博士後期課程修了，博士（文学），京都橘大学教授，日本近代文学専攻，『森鷗外の歴史意識とその問題圏』（晃洋書房，2002年），『小林秀雄　美的モデルネの行方』（和泉書院，2006年），『宮崎駿の地平』（白地社，2010年）

＊安達《あだち》　太郎《たろう》　1964年生まれ，大阪大学大学院文学研究科博士後期課程単位取得退学，博士（文学），京都橘大学教授，日本語文法専攻，『日本語疑問文における判断の諸相』（くろしお出版，1999年），『新日本語文法選書4　モダリティ』（共著，くろしお出版，2002年），『現代日本語文法4　モダリティ』（共著，くろしお出版，2003年）

＊林《はやし》　久美子《くみこ》　1958年生まれ，大阪市立大学大学院文学研究科博士後期課程修了，博士（文学），京都橘大学教授，日本近世文学専攻，『近世前期浄瑠璃の基礎的研究』（和泉書院，1995年），「善光寺開帳と浄瑠璃―元禄七年開帳の反映―」（『文学史研究』第46号，2006年），「『賢女手習并新暦』と『暦』―作品の意図と垂加神道のことなど－」『神戸女子大学古典芸能研究センター紀要』第4号（2011年）

京都橘大学女性歴史文化研究所叢書

表象《ひょうしょう》のトランス・ジェンダー ――越境する性

2013年3月12日　初刷発行

　　　　安達　太郎
編著者　野村　幸一郎
　　　　林　久美子
発行者　岡元　学実

発行所　株式会社　新典社

〒101−0051　東京都千代田区神田神保町1−44−11
営業部　03−3233−8051　編集部　03−3233−8052
FAX　03−3233−8053　振替　00170−0−26932

印刷所　恵友印刷㈱　製本所　㈲松村製本所

ISBN978-4-7879-7850-9 C1036
http://www.shintensha.co.jp/　E-Mail:info@shintensha.co.jp